# GENERATIVES COACHING

## Band 2

*Vertiefung der Schritte zu kreativen
und nachhaltigen Veränderungen*

In Zusammenarbeit mit

# International Association for Generative Change

114 Ponderosa Drive
Santa Cruz, CA 95060
USA
E-Mail:   info@generative-change.com
Website: https://generative-change.com/

Copyright ©2023 der deutschsprachigen Ausgabe
Castle Mount Media GmbH & Co. KG. Alle Rechte vorbehalten.

1. Auflage

Übersetzung aus dem Amerikanischen: Dr. Gudrun Reinschmidt

Originaltitel: Generative Coaching Volume 2-
              Enriching the Steps of Creative and Sustainable Change

Copyright ©2022 der Originalausgabe by Robert Dilts, Stephen Gilligan und der International Association for Generative Change. Alle Rechte vorbehalten.

Graphische Gestaltung und Layout: Antonio Meza

Layout der deutschen Ausgabe: Dr. Gudrun Reinschmidt

Gesamtdeutsche Rechte bei Castle Mount Media GmbH & Co. KG, Erlangen.

Bibliographische Information der Deutschen Nationalbibliothek unter https://portal.dnb.de

Printed in Germany. Nachdruck oder Vervielfältigung des Buches oder von Teilen daraus nur mit ausdrücklicher, schriftlicher Genehmigung des Verlages.

https://castlemountmedia.com

I.S.B.N. 978-3-948615-17-8

# GENERATIVES COACHING
## Band 2

### *Vertiefung der Schritte zu kreativen und nachhaltigen Veränderungen*

Stephen Gilligan

Robert B. Dilts

Design und Illustrationen: Antonio Meza

Übersetzung: Gudrun Reinschmidt

# Inhaltsverzeichnis

# Inhaltsverzeichnis

# Inhaltsverzeichnis

# Widmung

Wir widmen diesen Band all den vielen Menschen und Gemeinschaften, die uns zu einem Leben mit Kreativität und Liebe inspiriert haben.

Für Steve sind das zum Beispiel seine Mutter, sein italienischer Großvater, viele großartigen Lehrer und die vielen Menschen, die hätten aufgeben können und es nicht getan haben, sowie die zahlreichen Künstler und Führungspersönlichkeiten in der Transformationslehre.

Für Robert sind das seine Eltern Patricia und Robert, seine Kinder Andrew und Julia, seine Brüder Michael, Daniel und John, seine Schwester Mary und seine Ehefrau Deborah. Hinzu kommen die „Giganten", auf deren Schultern er steht; über viele hat er in seinen Büchern geschrieben.

Für uns beide gilt es, in jeder Begegnung nach Beispielen für dieses kreative Licht Ausschau zu halten. Gerade jetzt sollten wir alle dies täglich beachten.

# Danksagungen

Wir bedanken uns bei all jenen, die uns bei der Verwirklichung unserer Arbeit über Generatives Coaching geholfen und unterstützt haben. Dies schließt die Sponsoren, Kolleg:innen und Lernenden ein, die an der Entwicklung dieses Werkes beteiligt waren. Insbesondere bedanken wir uns bei denjenigen, die an den hier beschriebenen Demonstrationen teilgenommen haben.

Ebenso danken wir allen Mitgliedern der International Association for Generative Change (IAGC), die sich uns angeschlossen haben, um diesen Traum zu verwirklichen, einschließlich unseren Lehrerkolleg:innen, den professionellen und assoziierten Mitgliedern sowie weiteren Beteiligten an der IAGC-Gemeinschaft, die davon genauso begeistert sind wie wir.

Unser besonderer Dank gilt Susanne Kessler, die das Material für diese Seiten sowohl transkribiert als auch korrekturgelesen hat und dabei auf elegante Weise die Rollen einer Realisiererin und einer wohlwollenden Kritikerin vereint hat.

Besonders dankbar sind wir unserem Illustrator Antonio Meza für seine großartige künstlerische Leistung in diesem Band. Antonios Vielseitigkeit und sein Genie, nicht nur unsere Botschaft, sondern den Geist des Generativen Wandels visuell zu erfassen, überraschen und beeindrucken uns immer wieder. Wie im ersten Band der Reihe über *Generatives Coaching* verleihen Antonios Zeichnungen unserer Arbeit eine Lebendigkeit, die unsere Worte allein nicht hätten erreichen können.

Darüber hinaus möchten wir Dr. Gudrun Reinschmidt für die Übersetzung der Generative Change Bücher ins Deutsche danken. Ihr Engagement und ihr Fachwissen ermöglichen es, unser deutsch-sprachiges Publikum auf eine Weise zu erreichen, die sonst nicht möglich wäre.

Steve und Robert

# Vorwort

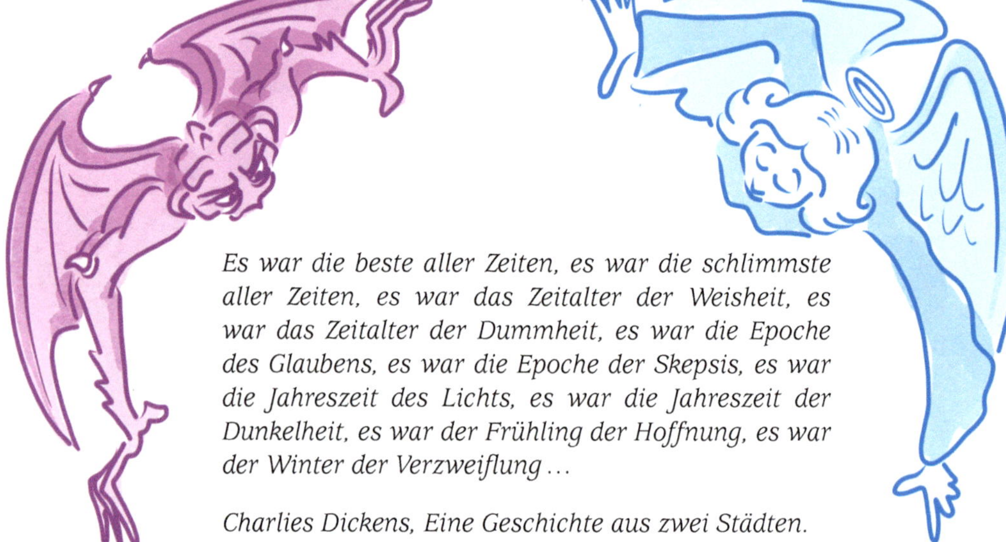

*Es war die beste aller Zeiten, es war die schlimmste aller Zeiten, es war das Zeitalter der Weisheit, es war das Zeitalter der Dummheit, es war die Epoche des Glaubens, es war die Epoche der Skepsis, es war die Jahreszeit des Lichts, es war die Jahreszeit der Dunkelheit, es war der Frühling der Hoffnung, es war der Winter der Verzweiflung …*

*Charlies Dickens, Eine Geschichte aus zwei Städten.*

**O**bwohl diese Worte während der Französischen Revolution geschrieben wurden, beschreiben sie sehr gut unsere gegenwärtige Situation. Die alten Institutionen zerfallen allmählich, unsere Umwelt hängt am seidenen Faden und es ist ungewiss, wie es weitergeht. Die zwei chinesischen Zeichen für „Krise" – Gefahr und Chance – scheinen am Himmel zu prangen.

Die Gefahren wirken bedrohlich und eskalieren: Ego-Isolation und Faschismus nehmen zu, Vertrauen und gemeinsame Visionen gehen verloren, Regierungen sind ohnmächtig. Jedoch wachsen auch die Chancen: neue Gemeinschaften und neues Bewusstsein sprießen auf unzählige Arten hervor. Manchmal scheint es, als befänden sich die Kräfte der Zerstörung und der schöpferischen Liebe in einem Wettlauf bis zu einem epochalen Punkt, dessen Ausgang unbekannt und ungewiss ist.

Solch außergewöhnliche Zeiten verlangen neue Wege des Denkens, Handelns, der Beziehungspflege und des Seins. Deshalb haben wir Generatives Coaching entwickelt – um Teil eines wachsenden Kollektivs zu sein, das auf neue Art und Weise die Realität erschafft. Wir kennen uns seit 45 Jahren, unsere Leben und beruflichen Wege haben sich aufgrund einer gemeinsamen Vision und sich ergänzenden Fähigkeiten und Ansätzen mehrfach gekreuzt. Aus dieser Partnerschaft entstand Generatives Coaching als Mittel zu tieferer Verbundenheit zum Leben und zur Erschaffung von Welten, denen wir alle angehören können.

Diese Zusammenarbeit führte zu einer Zertifikats-Ausbildung über 15 Tage, die schon an vielen Orten auf der Welt angeboten wird.

Das Modell beschreibt, wie Bewusstsein Wirklichkeit erschafft, sowohl die negativen als auch die positiven Versionen; und wie wir uns auf das Bewusstsein ausrichten können, um das Negative zu transformieren und positive Realitäten zu erschaffen. Für gewöhnlich unterrichten wir es in vier Modulen. In jedem Modul wird ein Rahmenwerk vertieft, das die Kernprinzipien enthält: die sechs Schritte, verschiedene Ansätze bei jeden Schritt und – vielleicht am wichtigsten – die Art, wie der kreative Zustand hervorgerufen wird, um diese kreativen Prozesse zu verstärken. Wir betonen genauso den Zustand des Coaches wie den des Klienten und noch mehr Wert legen wir auf den Zustand der gemeinsamen Beziehung kreativer Systeme.

In diesem zweiten von insgesamt vier Bänden vertiefen wir den im ersten Band beschriebenen Prozess. In unseren Ausbildungen präsentieren wir im ersten und vierten Modul zusammen und führen dazwischen einzeln durch jeweils ein Modul. Band 1 und 4 enthält also unsere gemeinsamen Stimmen, während dieser Band Steves Stimme enthält und im dritten Band Robert zu Wort kommt. Egal ob wir zusammen oder einzeln präsentieren, mit den Worten unseres Lehrers Dr. Milton Erickson sind wir jeder „ein Teil voneinander und doch getrennt" voneinander. Wir halten es für eine wesentliche Stärke des Generativen Coachings, dass jede Stimme und jeder Beitrag auffällt und dass die Kollaboration dieser einzigartigen Stimmen ungeahnte Möglichkeiten eröffnet. Dies ist unsere Verpflichtung füreinander und für die Welt im Allgemeinen. Die Welt braucht diese kreativen Partnerschaften mehr denn je – und wir hoffen, dass diese Arbeit alle Lebewesen unterstützt.

Steve Gilligan und Robert Dilts

# Kapitel 1

# Überblick über Generatives Coaching

## Die Vorgeschichte und die Anfänge

Die Buddhisten sagen gern, dass man sich glücklich schätzen kann, wenn man ein Leben als Mensch bekommen hat. Dann gibt es unendlich viele Möglichkeiten, ein kreatives und glückliches Leben zu führen! Ein weiteres Sprichwort besagt, dass man umso glücklicher wird, je mehr man übt! Generatives Coaching bietet die Möglichkeit, Kreativität so zu üben, dass wir das Glück haben, Welten zu erschaffen, zu denen wir gehören wollen. In diesem ersten Kapitel, verschaffen wir uns einen Überblick über die Kernprämissen des Generativen Coaching als Grundlage, um die Arbeit verstehen und sinnvoll üben zu können.

Die Kernprämissen können einfach wie folgt beschrieben werden:

1. Die Realität wird konstruiert.

2. … durch Gespräche bzw. Dialoge

3. Die Realität wird gefiltert.

4. Die Realität wird entweder durch offene oder blockierte Präsenz gehalten.

Schauen wir uns an, was diese Prämissen bedeuten …

## Prämisse 1: Die Realität wird konstruiert.

Im Generativem Coaching geht es um Kreativität und wie Kreativität gecoacht werden kann. Wir halten Kreativität nicht für etwas, das nur ein paar brillante Menschen gelegentlich hervorbringen, sondern als das Herz und die Seele jeder menschlichen Erfahrung. Es ist kein „Ding" innerhalb eines festen Raums, sondern eine sich verändernde Emergenz, die aus Gesprächen und Verbindungen zwischen Unterschieden hervorgeht. Es gibt schon lange die Vorstellung, dass Kreativität eine Art Konversation ist, wie das Gedicht von Kabir aus dem 16. Jahrh. verdeutlicht:

*Zwischen dem Bewussten und dem Unbewussten*
*hat der Geist eine Schaukel aufgestellt:*
*Alle irdischen Geschöpfe, sogar die Supernovas,*
*schwingen zwischen diesen beiden Bäumen, und*
*es geht nie zu Ende.*

*Engel, Tiere, Menschen, Millionen von Insekten,*
*auch die sich drehende Sonne und der Mond;*
*Zeitalter vergehen, und es geht weiter.*

*Alles schwingt: Himmel, Erde, Wasser, Feuer,*
*und das Geheime, dem langsam ein Körper wächst.*

*Kabir sah das fünfzehn Sekunden lang, und es*
*machte ihn zu einem Diener fürs Leben.*

*– Kabir (Englische Version von Robert Bly)*

Nehmen wir uns fünfzehn Sekunden, um es so zu betrachten:

Wenn wir sagen, dass die Realität in jedem Moment geschaffen wird, meinen wir nicht, dass jeder Moment generativ ist. Meistens wird die Realität automatisch aus den konditionierten „Standard-Werten" re-generiert. Das heißt, solange du keine achtsame, menschliche Präsenz einbringst, wirst du nur die Vergangenheit wiederholen. Dadurch entsteht die Illusion, dass die Realität ganz unabhängig einfach geschieht, als wenn es etwas „da draußen" gäbe, an dem wir nicht teilhaben. Meistens leben wir in gewohnten Konditionierungen und manche davon finden in sehr großen Systemen statt – zum Beispiel leben wir mit jahrhundertealten Mustern von Rassismus und Frauenfeindlichkeit – und es fühlt so an, als wäre das Leben einfach so.

Doch im Generativen Coaching sehen wir, dass die Dinge nicht so fix oder statisch sind: Alles ist unbeständig und verändert sich ständig. Dies erkennen wir bspw. an dem hyperschnellen technologischen Wandel: Wir leben heute in einer Welt, die noch vor 20 Jahren unvorstellbar war. Meine 29jährige Tochter kennt keine Schreibmaschine. Als ich in den späten 70er Jahren an der Hochschule war, hatte jeder Professor am Lehrstuhl Psychologie zwei Sekretärinnen, eine war nur dazu da, um acht Stunden am Tag auf einer IBM Schreibmaschine zu tippen. Für meine Dissertation nutzte ich ein Textverarbeitungsprogramm, das – ein *ganzes Kapitel* von 30 Seiten auf einer *Floppy Disc* speichern konnte! Erstaunlich! Seitdem wurde eine völlig andere Realität geschaffen.

Ebenso wird diese Idee, dass Bewusstsein die Realität konstruiert, im bekannten *Placebo Effekt* deutlich. Deshalb werden Medikamenten-Studien immer in einem Doppelblindverfahren getestet. Der lateinische Begriff „Placebo" bedeutet:„Ich werde gefallen" – das heißt, die Menschen erzeugen Ergebnisse, die mit ihren Überzeugungen und Erwartungen übereinstimmen, unabhängig von den „realen" Bedingungen. Wenn ich also glaube, dass ich ein psychoaktives Medikament bekommen habe, um meine Depression zu heilen, auch wenn es nur eine Zuckerpille war, dann wird die Linderung in etwa genauso ausfallen, als hätte ich das „echte Zeug" genommen.

Die Realität, in der wir uns befinden, wird in erster Linie von unserem Bewusstsein erschaffen. Der allgemeine und wichtigste Grund sowohl für die guten als auch die schlechten Zeiten in deinem Leben *bist du!* Deine Verbindung zum Bewusstsein, das die Welt konstruiert, ist der Unterschied, der den Unterschied bewirkt. Wir wollen dich damit nicht beschuldigen – *oh super, mein Leben ist nicht nur beschissen, sondern es ist auch noch meine Schuld* – sondern eher dich ermächtigen. Jeder Augenblick birgt potenzielle Himmel und Höllen in sich: Deine Beziehung dazu entscheidet sich für das ein oder andere.

Als du jung warst, konntest du dies noch nicht erfassen. Und die meisten von uns wurden so intensiv konditioniert, dass wir unsere kreative Power gar nicht kennen. Generatives Coaching bietet dir die Möglichkeit, dich am kreativen Bewusstsein auszurichten, um für dich und deine Gemeinschaften positive Realitäten zu erzeugen. Das ist keine Macht des Egos, um andere zu kontrollieren oder zu dominieren,  – diese Illusion ist der Grund für Ohnmacht und Elend – sondern ein integrales Bewusstsein, das dir ermöglicht, dich zugehörig und mit der Welt verbunden zu fühlen.

Wir werden das noch weiter ausführen, für den Moment sei betont, dass wir an allem, was wir für die Realität halten, aktiv an deren Gestaltung beteiligt sind. Wenn dir also die erfahrene Wirklichkeit nicht gefällt, dann ändere sie! Das ist wirklich der zentrale Punkt im Generativen Coaching.

## Prämisse 2: Die Realität wird durch Dialoge geschaffen.

Diese Konstruktion der Realität geschieht durch Dialoge, nicht nur durch menschliche Dialoge, sondern durch Austausch überall im Universum – die Dialoge zwischen Sonne und Mond, zwischen den Verbindungen, die Galaxien und Sonnensysteme zusammenhalten, zwischen verbalen und nonverbalen Intelligenzen, zwischen Müttern und Säuglingen. Alles pulsiert, kommuniziert, ist verbunden – das ist die wahre Natur der Realität. Wenn wir uns im Einklang und im kreativen Flow bei diesen Dialogen fühlen, geschehen gute Dinge; wenn aber der Informationsfluss stockt oder blockiert ist, stoppt die Kreativität. Kreativität entsteht also weder aus einer Position, einem Zustand oder einer Überzeugung, sondern es ist die Bewegung der Informations-Energie durch viele verschiedene Positionen. Für das Generative Coaching konzentrieren wir uns auf drei Arten der dialogorientierten Kreativität:

1. Der klassische/Quantenwelt-Dialog (zw. Realisierer und Träumer)
2. Der kognitive/somatische Dialog
3. Der Dialog mit sich selbst und anderen

### 1. Der Dialog zwischen klassischer und Quantenwelt

Die Wirklichkeit entsteht durch Austausch aus dem unendlichen Potenzial der kreativen Vorstellungskraft und den konkreten Fakten der klassischen Welt. Sie ergänzen einander. Ohne die Offenheit und die Freiheit des Quantenmeeres kann es kaum Kreativität geben.

### *Kreativitätsmodell in vier Schritten:*
### *Der Dialog zwischen den Welten*

Doch braucht die Unendlichkeit des Quantenfeldes den Dialog mit der klassischen Welt. Dies beschreibt das zentrale Kreativitätsmodell in vier Schritten, das vor fast 100 Jahren von Graham Wallas (Wallas 1926) vorgeschlagen wurde.

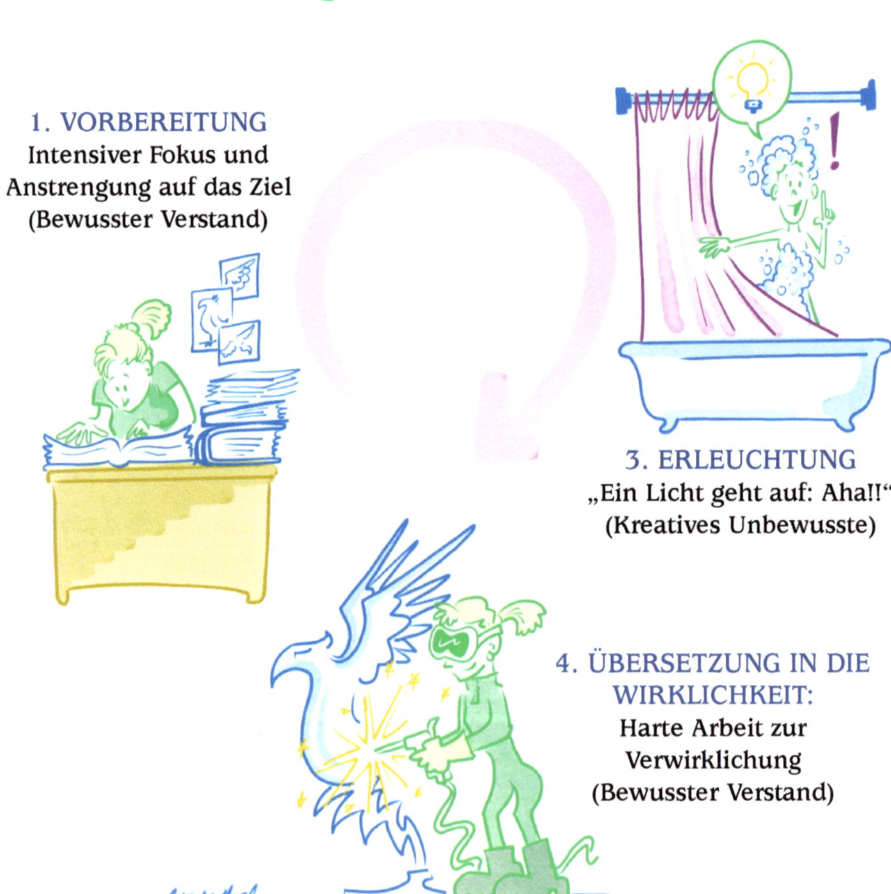

Dem Modell nach gibt es zunächst eine *Vorbereitungsphase,* in der du einen Schwerpunkt, Engagement oder eine Frage, sowie harte Arbeit brauchst. Wenn du spürst, dass der Ertrag zurückgeht, ziehst du dich zurück und machst eine Pause, die sogenannte *Inkubationsphase.* Hier lässt du es laufen und öffnest dich für eine Lösung. Danach kommt dir hoffentlich eine neue Idee. Eine **_Erleuchtung_** kommt irgendwoher, und du brauchst sie zuletzt in der vierten Phase nur noch in **_Handlung zu übersetzen,_** wobei der bewusste Verstand wieder aktiver wird.

Mir kommen zum Beispiel viele kreative Einsichten in meinem Whirlpool in Kalifornien. Ich kann den ganzen Tag an einem Projekt an meinem Schreibtisch arbeiten – das ist der erste Schritt – doch um Mitternacht gehe ich in meinen Garten und setze mich ins Whirlpool. Sehr oft löst sich die Spannung im Nebel auf – das ist der zweite Schritt – und dann in einer glücklichen Nacht taucht eine klare, schöne Bewusstheit auf (Die Erleuchtung!) Danach steckt der Teufel im Detail: Diese luzide Erkenntnis muss mittels Engagement und harter Arbeit in die Realität übersetzt werden.

Damit ist Kreativität ein Rhythmus zwischen bewusster Intention und unbewusstem „Träumen". Um auf dieser „Mittellinie" zu surfen, brauchen wir einen ausgeglichenen Zustand, *nicht zu locker, nicht zu fest.* Oder wie man beim Kartenspiel zu sagen pflegt: *Man muss wissen, wann man sie halten und wann man sie falten muss;* wann man seinem Plan folgt und wann man ihn loslässt, um wieder im kreativen Ozean einzutauchen und nach Neuen zu fischen. Kreativität ist die Kunst, auf der Mittellinie zu surfen: Es ist der Dialog zwischen der realistischen  Welt und dem weiten, unendlichen Ozean des Vorstellungsvermögens. Die Chinesen sagen dazu **_wu-wei_**; wir nennen es generatives Bewusstsein.

## 2. Der kognitive/somatische Dialog

Ein weiterer wichtiger Dialog findet zwischen kognitivem (Kopf) und somatischen Verstand (Körper) statt. Wann immer Generativität gebraucht wird, müssen Geist und Körper (und vieles andere mehr!) miteinander verbunden sein. Unser Lehrer Gregory Bateson zitierte oft Pascal:

*Das Herz hat seine Gründe, von denen die Vernunft nichts weiß... Wir kennen die Wahrheit nicht nur wegen der Vernunft, sondern auch wegen des Herzens. Wir fühlen sie in tausend Dingen.*

Das alte Kognitionsmodell vom „körperlosen Intellekt" wurde in der Kognitionswissenschaft durch das sogenannte „4-E-Modell" abgelöst (siehe Damasio, 1994; Varela, Thompson, und Rosch, 1991), das Kognition folgendermaßen beschreibt:

1. **Embodied – Verkörpert**

2. **Embedded – Eingebettet** (in Kontexte oder Felder: die Umwelt, der kulturelle oder soziale Kontext usw.)

3. **Expressive – Ausdrucksstark** (musikalisch, Körperbewegung usw.)

4. **Enactive – Inszeniert** (Mit Handlungen verbunden)

Mit anderen Worten: Denken ist ein vielschichtiges Feld, das Ideen mit Körpern, Beziehungen, Aktionen, Bewegung und vielen Kontexten verbindet. Damit eine Idee generativ wird, muss sie allem gut verbunden sein:

In Bezug auf den Dialog zwischen „Kopf und Körper"– den wir als vertikale Achse bezeichnen – wird folgende allgemeine Frage häufig im Generativen Coaching verwendet:

*Während du das sagst (denkst oder hörst), was nimmst du wahr, was in deinem Körper geschieht?*

Besonders wichtig ist die „vertikale Achse", wenn eine Idee generativ sein soll.

Leider wird in vorherrschenden Traditionen üblicherweise eine gegensätzliche Beziehung von Dominanz und Unterwerfung zwischen verbalem und somatischem Verstand gelehrt. Diese Haltung „Verstand über Körper" führt zu einem isolierten Ego, das die Ursache für dauerhafte Probleme und Leiden ist. Damit wir auf eine generative Ebene kommen, versuchen wir den verbalen Verstand in einen gegenseitig respektvollen Dialog mit anderen kognitiven Dimensionen zu integrieren.

### 3. Der Dialog zwischen sich selbst und anderen

In unserem Modell der generativen Kognition befinden sich Bewusstsein und Kreativität nicht in einer einzelnen Person oder Gruppe oder Tradition. Sie entstehen zwischen unserer eigenen Position, „Selbst", und den vielfältigen, sogar widersprüchlichen „anderen" Positionen oder Wahrheiten. Dieses „Andere" hat viele Formen: eine andere Person, widersprüchliche Ansichten innerhalb der eigenen Person, andere Geschlechter oder Kulturen, ein sozialer Gegner, der Intimpartner usw. Es gibt keinen Mangel an anderen Wahrheiten oder Realitäten, die „anders" sind als unsere Ego-Position. Sobald wir uns ausschließlich mit unserer „Ego-Selbst"-Position identifizieren, entstehen Probleme und Symptome. Das Wesen der generativen Veränderung besteht also darin, widersprüchliche Beziehungen zum Dialog willkommen zu heißen. In diesem Feld hat jede Position ihren Platz und wird wertgeschätzt. Wir sehen immer wieder, wie daraus transformierende Kreativität entsteht.

# Prämisse 3: Die Realität wird durch Filter konstruiert.

Diese „Bewusstseinsdialoge" werden durch *Filter* vermittelt, ähnlich wie Licht auf ein Prisma trifft oder wie Sonnenschein durch die farbigen Glasfenster in eine schöne Kathedrale gelangt. Du kannst das in der Kathedrale ‚Sagrada Familia' von Gaudi in Barcelona sehen. Das Sonnenlicht strömt durch die Fenster und vermittelt das heilige Gefühl, sich in einem göttlichen Haus zu befinden. Das Fenster aus Buntglas ist ein metaphorisches Beispiel für einen Filter: Sie übersetzen den Bewusstseinsfluss in konkrete Formen. Es gibt unzählige Filter, die ähnlich funktionieren: dein körperlicher Zustand, deine Glaubenssätze und Intentionen; deine persönliche Geschichte, Familie und Kultur; die sozialen, umweltbedingten und politischen Kontexte.

Die Psychologie untersucht, wie Erfahrungen und Verhalten durch die vielen Filter vermittelt werden, da sie den Zustand der Identität bestimmen. Grundsätzlich befinden sich Erfahrungen wie Farbe, Freiheit, Gefühle, einzelne Objekte usw. nicht „da draußen" in der Welt, sondern sie werden aktiv durch unser Nervensystem erzeugt.

Menschen haben die außergewöhnliche Freiheit, ihre Filter auf unendlich viele Arten einzustellen, wodurch sich unterschiedliche Wirklichkeiten ergeben. Zum Beispiel hat Freundlichkeit 10.000 verschiedene Gesichter, jedes drückt eine andere Realität aus. Das gleiche gilt für nahezu jede andere menschliche Eigenschaft: Vertrauen, Erfolg, „mein Kind", „mein Körper", Wildheit usw. Jede kann sich auf unzählige Weisen zeigen. Jede Art ist ein Filter, durch den unterschiedliche Wirklichkeiten zum Vorschein kommen. Jeder Filter enthält eine Tiefenstruktur oder ein archetypisches Muster, das viele mögliche Landkarten enthält und in einer bestimmten Realität mündet. Auf signifikante Weise wird man zu dem, was man sich als real vorstellt.

Deshalb achten wir besonders darauf, welche Filter im Spiel sind, wenn wir uns z. B. im *„Stuck State"* befinden, und welche ein generativeres Ergebnis ermöglichen.

Unveränderliche Realitäten stellen feste Filter dar. Die Grenzen befinden sich nicht in der Welt, sondern in den Filtern, die die Welt erschaffen. Einige Filter mögen individuell sein, viele sind kollektiv, die meisten sind unbewusst und automatisiert (d. h. konditioniert). Es können jahrhundertealte Traditionen oder Überzeugungen sein oder seit langem bestehende generationsübergreifende kulturelle oder familiäre Muster oder Geschlechter- bzw. Rassenklischees. Trotzdem spiegeln „Stuck States" feste Filter wider.



**... schaffen die Wirklichkeit**

Für Generative Veränderung müssen wir die einschränkenden Filter erkennen, dann einen Dialograum eröffnen, um ihren Griff zu lockern und eine intelligente Neuordnung dieser Landkarten zu ermöglichen.

Im Generativen Coaching betrachten wir drei Filter-Arten:

1. **Somatischer, kognitiver und Feldverstand**

2. **Individuelle Landkarten** (Glaubenssätze, Emotionen, Bilder usw.)

3. **Performanceholons**

### 1. Somatischer, kognitiver und Feldverstand

Im ersten *Generative Coaching Band (GC1)*, haben wir drei wichtige Intelligenzen kennengelernt: Den somatischen, den kognitiven und den Feldverstand. Dieses Modell des *„dreieinigen Bewusstseins"* bedeutet, dass unsere Realität durch Dialoge unter diesen drei generellen Modalitäten geschaffen werden. Daher wird im Generativen Coaching gleichermaßen Wert auf diese generativen Filter gelegt: Wie Erfahrung durch den verbalen, sozialen Verstand repräsentiert wird, wie durch den verkörperten somatischen Verstand und wie durch die vielfältigen Kontexte, die im Spiel sind. In Problemsituationen gibt es zwangsläufig Inkongruenzen innerhalb und unter diesen Modalitäten.

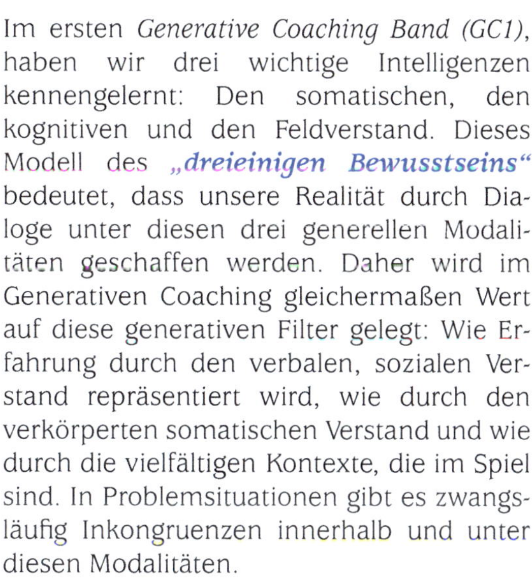

Der verbale Verstand mag eine Sache denken, während der somatische Verstand an etwas anderes denkt; oder der Feldverstand könnte „kritische Stimmen" enthalten oder gefährliche Präsenzen, die die individuelle Erfahrung beeinträchtigen; oder es gibt vielleicht widersprüchliche Intentionen, wie: *Ich will offen sein, aber ich muss meine Grenzen bewahren.* Für nachhaltige Veränderung mussen diese unterschiedlichen und oft kollidierenden Repräsentationen willkommen geheißen und in ein generatives Selbst integriert werden. Dieser Herausforderung haben wir uns in Band 1 ausführlich gewidmet und werden dies auch im vorliegenden Band tun.

## 2. Individuelle Landkarten

Jede der drei Intelligenzen enthält verschiedene „Teile" oder Aspekte. Beispielsweise beinhaltet das kognitive Bewusstsein Repräsentationen wie Glaubenssätze, Intentionen, Bedeutungen, Pläne und viele weitere Werte. Das somatische Bewusstsein umfasst Körperhaltung, Atmung, Bewegung, Rhythmus, Spannungszustand, Handlungen, Emotionen und so weiter. Das Feldbewusstsein kann die physische Umgebung, den sozialen Kontext, historische Felder, verschiedene Leute und Orte usw. einbeziehen.

Während die drei Intelligenzen (somatischer, kognitiver und Feldverstand) als eine Art Coaching-Struktur auf mittlerer Ebene dienen, ist es ebenso notwendig, konkreter zu werden („chunk down"), wie zum Beispiel: Welche spezifische Überzeugung liegt vor und wie kann sie verändert werden? Welche Emotion liegt zugrunde und wie kann sie in Fluss kommen? Welche „unsichtbaren Feldpräsenzen" sind aktiv – historische Ressourcen, kritische Eltern aus der Kindheit, Ressourcen – die konstruktiv in den kreativen Prozess einbezogen werden können?

Wir coachen eine Person, damit sie in jedem Verstand einen generativen Zustand findet. Dann helfen wir ihr, diese individuellen Landkarten (Glaubenssätze, somatischer Zustand, Ressourcen usw.) so anzupassen, dass sie zu optimaler Leistung fähig ist.

Der Kerngedanke ist, dass jede individuelle Landkarte auf unendlich viele Arten dargestellt werden kann und dass ein generativer Zustand eine fließende Anpassung jeder Landkarte ermöglicht, um (wie Milton Erickson es beschrieb) *den ständig verändernden Bedürfnissen und Herausforderungen des gegenwärtigen Augenblicks* gerecht zu werden. Damit dies effektiv gelingt, müssen wir alle möglichen „Small Chunk"-Landkarten sichten und erkennen, wie wir sie so aktualisieren können, dass wir uns in den für den Erfolg notwendigen generativen Zustand bringen.

**Im Feld : mein Großvater**

ICH VERDIENE ES

In meinem Verstand: ein bestärkender Glaubenssatz

**In meinem Körper:
Ein Morgenspaziergang**

# 3. Performanceholons: Der Filter-Prototyp für Generatives Coaching

Da wir die Kreativität als zentrales Element des menschlichen Seins betonen – d. h., wir sind aktiv an der Gestaltung nahezu jeder Ebene unserer Realität beteiligt – sollten wir herauszufinden, wie dies geschieht. Mein Mentor in Stanford Karl Pribram (1971) prägte den Begriff „Leistungsbilder", um den Prozess zu beschreiben, wie wir die Punkte festlegen, wo wir sind, wo wir sein wollen, welches der beste Weg dorthin ist und wie wir mit unvermeidlichen Herausforderungen umgehen wollen usw. Diese „Leistungsbilder" sind „Handlungsstrategien", nach denen wir unser Leben gestalten. Es sind „die Handbücher", nach denen wir unsere Realitäten konstruieren. Da das menschliche Bewusstsein ein zugrunde liegendes Wir-Gefühl bevorzugt, sind diese „Leistungsbilder" weder linear noch bestehen sie aus separaten Teilen; sie integrieren unser Verständnis und unsere Werte in einer multidimensionalen Landkarte, die wir als „Performanceholon" bezeichnen. Wir betrachten diese Performanceholons als Prototypen für Filter der generativen Veränderungsarbeit.

Der Begriff *Holon* wurde von Arthur Koestler (1965) vorgeschlagen, um ein kreatives System aus miteinander verbundenen Teilen zu beschreiben. Jeder Teil ist für sich ein selbstorganisierendes Ganzes, das aus seinen eigenen Teilen besteht … den ganzen Weg abwärts. Eine menschliche Beziehung ist ein offensichtliches Beispiel für ein Holon: Wenn wir eine Beziehung haben, ist das unsere eigene Einheit, aber sie enthält „dich" und „mich" als selbstorganisierende Ganzheiten. Das gleiche gilt für jedes Team – geschäftlich, familiär, sportlich – oder für ein Orchester oder ein komplexes Ökosystem. *Holon* ist eine schöne Idee, um die Identität als Teil/Ganzes einer intelligenten Lebensform anzuerkennen: Ich bin ganz „Ich", aber Teil eines „Wir". Jede Ebene hat ihre eigenen kreativen Eigenschaften, deshalb setzt die Fähigkeit, sich zwischen den Ebenen zu bewegen, mehr Kreativität frei.

Und wir verwenden den Begriff *Performance – Leistung und Darstellung*, wenn diese Landkarten insbesondere dazu eingesetzt werden, einen kreativen Akt zu vollziehen *(perform)*: z. B. um beruflichen Erfolg zu erzielen; einen schönen Körper zu gestalten, eine konstruktive soziale Gemeinschaft aufzubauen usw. Wir legen darauf Wert, das Leben selbst als eine Darstellungskunst (*Performance Art*) zu betrachten, als einen Akt der Kreativität, und dass Generatives Coaching ähnlich betrachtet werden sollte. Die Performanceholons sind Repräsentationen, durch die dieses kreative Leben geschieht.

Der Kern des Performanceholons im Generativen Wandel hat sechs Aspekte:

1. Gewünschter Zustand (Ziel/Intention/Wert/Mission/usw.)

2. Gegenwärtiger Zustand

3. Leistungsbilder („wie")

4. Ressourcen

5. Hindernisse

6. Zugrundeliegender Kontext (COACH vs. CRASH)

## Kreatives Performanceholon

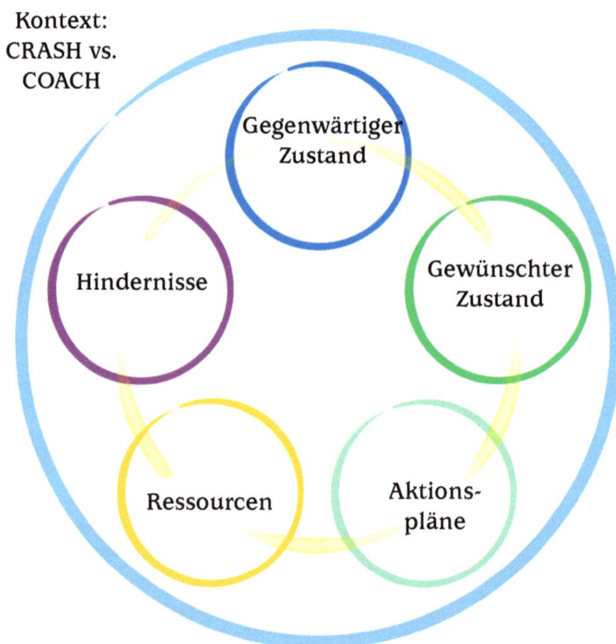


Grundlage dieses Holons ist das Sechs-Schritte-Modell, welches für das Generative Coaching einen zentralen Aspekt darstellt.

1. Ein COACH-Feld eröffnen

2. Eine positive Intention festlegen

3. Einen generativen Zustand entwickeln

4. Ins Handeln kommen

5. Hindernisse transformieren

6. Praktiken nach der Sitzung

Dies stellte den Schwerpunkt im ersten Band dar. Das Sechs-Schritte-Modell bietet eine grundlegende Struktur für das Modellieren von Persönlichkeitsmustern der Klient:innen. Wie in den Anhängen gezeigt, nutzen wir sie für Assessments vor der Sitzung (Anhang B) sowie nach der Sitzung und als Feedback (Anhang D). Tatsächlich sind wir sogar der Meinung, dass die „Unterschiede, die den Unterschied [in einer Coaching-Sitzung] ausmachen" durch einen Vergleich der beiden Formulare festgestellt werden können. Das heißt, wir schlagen vor, dass signifikante Veränderungen in diesen sechs Schritten signifikante sitzungsbezogene Veränderungen widerspiegeln werden.

Auf der nächsten Ebene können wir das Performanceholon als eine Mandala-ähnliche Landkarte auffassen.

*Generative Holons: Jeder Teil ist wertvoll, miteinander verbunden und in fließender Form gehalten.*

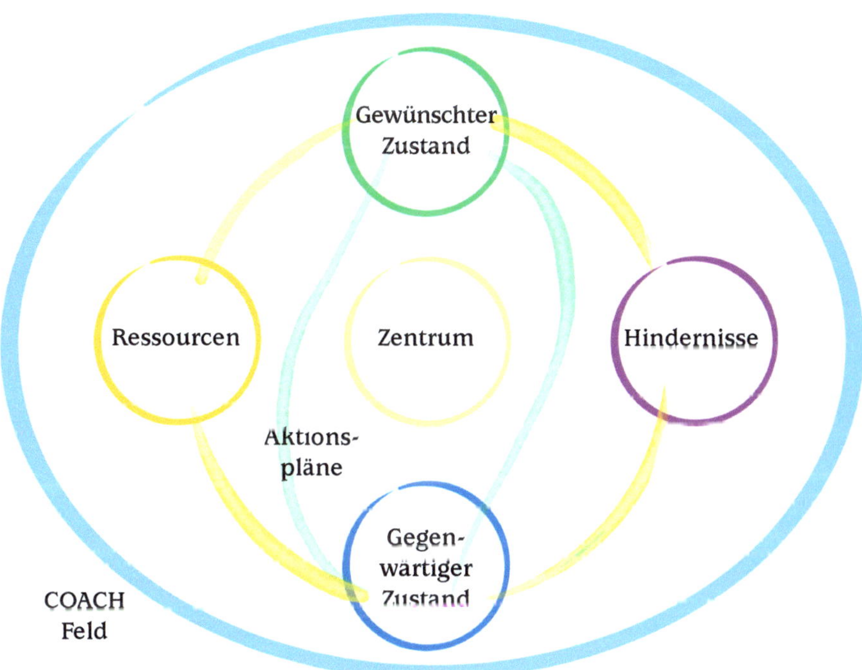

Dies lässt uns die miteinander verbundene Natur der Teile erkennen: 1.) Der gegenwärtige Zustand und der gewünschte Zustand bilden ein Gegensatz-Paar und 2.) die Ressourcen und Hindernisse bilden ein zweites Paar. Einen fünften Aspekt bilden die „Aktionspläne", die sich auf einer Zeitlinie zwischen dem gegenwärtigen und dem gewünschten Zustand bewegen. Der letzte Aspekt ist die Unterscheidung auf der Meta-Ebene, ob die Kernaspekte im *kreativen Flow* eines COACH-Feldes gehalten werden, das die generativen Beziehungen ermöglicht; oder in einem CRASH-Feld, das die Teile in einem starren, nicht kollaborativen Zustand festhält.

Auf dieser fortgeschritteneren Ebene, die den Schwerpunkt des zweiten Bandes bildet, beinhaltet jeder Schritt die anderen. Es handelt sich weniger um separate, lineare Schritte, sondern um ein integriertes System nachhaltiger Veränderung. Wir können jederzeit in einer Sitzung, wenn der Prozess unklar oder verworren erscheint, schnell überprüfen, ob wir wohlgeformte Modelle von jedem Teil des Holons haben. Für gewöhnlich stellt sich heraus, dass ein Teil nicht vollkommen präsent im Dialog ist und uns darauf hinweist, wo der Dialog Aufmerksamkeit benötigt.

Solche Fragen können lauten:

* *Welches Ausmaß hat der COACH State gerade? Welche ressourcenvollen Verbindungen braucht es zum COACH State?*

* *Was ist das Ziel oder welche Intention hast du? Wie groß ist die Motivation? Wie groß ist die Resonanz dazu?*

* *Welche Ressourcen gibt es hier? Sind sie ausreichend, um einen stabilen COACH State aufrecht zu erhalten?*

* *Gibt es ein Gefühl für die zu ergreifenden Maßnahmen?*

* *Welche Hindernisse herrschen gerade vor? Gibt es versteckte Hindernisse im Feld? Welche Anzeichen weisen darauf hin, dass die Person dissoziiert ist?*

Das Coaching mit diesem Performanceholon ermöglicht, dass solche Fragen ständig im Hintergrund ablaufen, so dass du ein Gefühl für die subtilsten Hinweise auf eine Dissoziation oder einen CRASH bekommst und geschickt damit umgehen kannst. Zum Beispiel könnte sich ein Dialog darüber, wie ein Ziel zu erreichen ist, zu Beginn „verworren" oder widersprüchlich anfühlen, wie eine verstimmte Musik. Ein schneller Einsatz der vorigen Fragen kann zum Beispiel darauf hinweisen, dass mitten im Satz ein Hindernis aktiviert wurde, was durch Muskelspannung und Verlust von Resonanz bestätigt wird. Der Coach würde dann die Aufmerksamkeit auf die Ressourcen lenken und auf das somatische Zentrieren, um einen ausgeglichenen Zustand wieder herzustellen, bevor man sich weiter auf das Ziel konzentriert. Somit versucht das Generative Coaching ein Feld aufzubauen und aufrechtzuerhalten, in dem sich die verschiedenen Elemente – gegenwärtiger und gewünschter Zustand, Ressourcen und Hindernisse usw. – die Waage halten. Wir coachen mit Ganzheitlichkeit und Integralem Bewusstsein. Das ist es, was zu nachhaltigen Wandel führt.

# Prämisse 4: Jede erfahrbare Realität wird mit offener (COACH) oder blockierter Präsenz (CRASH) gehalten.

Nun kommen wir zum wichtigsten Unterscheidungsmerkmal beim Generativen Coaching: dem Zustand, in dem Leistung auftritt. In Band 1 haben wir zwei zentrale Zustände beschrieben: die kreative Generativität eines COACH State gegenüber dem neuromuskulär blockiertem Problemzustand CRASH. Lass uns diese Unterscheidungsmerkmale hier kurz wiederholen.

Um zu verstehen, was wir mit COACH State meinen, lass uns die menschliche Leistung in ihrer besten Form betrachten. Denke an eine/n großartige/n Athlet:in, Musiker:in, Künstler:in, Führungskraft oder ein Siegerteam, ein großartiges Orchester oder eine kreative Gemeinschaft; oder stell dir vor, du befindest dich in schöner Natur oder du fühlst dich von deinem Liebsten geliebt. Was hat das alles miteinander gemeinsam? Wie fühlst du dich, wenn du das beobachtest oder daran teil hast? Welche Worte könnten das beschreiben?

Das Akronym *COACH* benennt einige grundlegende Aspekte dieses Zustandes: Wir fühlen uns:

**C**entriert

**O**ffen

**A**ufmerksam

**C**onnected = verbunden

**H**ospitable = gastfreundlich

*Der COACH State :*
*Integriertes Holon*

Der COACH State ist ein Zustand, den die Chinesen als „doppeltes Glück" beschreiben: 1.) du fühlst dich großartig! und 2.) du leistest beste Arbeit. Deshalb ist der COACH State die Grundlage für ein positives Leben. Die besondere Verantwortung eines generativen Coaches liegt darin, den „disziplinierten Fluss" eines COACH Zustandes zu aktivieren und aufrechtzuerhalten, sowohl beim Klienten als auch bei sich selbst.

In Bezug auf das Performanceholon ist COACH die Erfahrung eines integrierten, generativen Holons. In diesem Zustand sind alle Teile eines kreativen Teams konstruktive Mitwirkende :)

*Eigenschaften eines kreativen Performancesystems (COACH Holon)*

1. Zugrundeliegender „Feld"-Kontext: Limbische Resonanz, Musikalität, Offenheit, Feedback und Feedforward

2. Jeder Teil ist willkommen.

3. Jeder Teil wird positiv gewürdigt.

4. Die Landkarten aller Teile sind fließend und kontextabhängig: unendliche Formen, Inhalte, Bedeutungen.

5. Alle Teile sind miteinander verbunden und ästhetisch ausgewogen.

6. Handlungen des Teils/Ganzen werden von ästhetischer Resonanz geleitet.

7. „Mandala-ähnlich": zentriert, einheitliches Feld, ausgewogene Gegensatzpaare.

Somit arbeiten wir nach dem Prinzip:

*Bevor du deine Kund:innen (oder dich selbst) bittest, sich bei einer herausfordernden Aufgabe zu engagieren, schaffe die Voraussetzungen für Erfolg, indem du den COACH State aktivierst.*

Es ist eine Sache, einen COACH State zu aktivieren, aber eine andere, ihn aufrechtzuerhalten. Tatsächlich können die meisten Menschen unter günstigen Umständen einen COACH State finden – einen Raum ohne Stress, in dem alles angenehm und leicht ist – doch nicht bei stressigen Situationen. Wenn das so ist, werden COACH Zustände zu einer Art positiver Dissoziation, ein Weg um das zu vermeiden, was Shakespeare als „Valenzen und Unbeständigkeiten" des normalen Lebens bezeichnete.

Obwohl wir positive Referenzerfahrungen nutzen, um einen COACH State einzugehen – zum Beispiel, wenn wir ein transzendentes, friedliches Gefühl in der Natur wiederbeleben – ergibt sich der wahre Nutzen, wenn das COACH-Gefühl bei beunruhigenden Erfahrungen aktiviert wird, wie Beziehungsproblemen, beruflichen Krisen oder Gesundheitsproblemen. Das macht den COACH State so wertvoll.

Der „böse Zwilling" des COACH ist der CRASH-Zustand:

**C**ontrahiert

**R**eaktiv

**A**nalysierend paralysiert

**S**epariert = getrennt

**H**assend/ feindlich/ verletzend

*Der CRASH Zustand : Getrennt vom Ganzen*

Hier ist unser Bewusstsein in einer *neuromuskulären Blockade* gefangen, die sich in *Kampf*, *Flucht*, *Erstarren* oder *Einknicken* äußert. Unser Bewusstsein ist voll von negativer Wut, Angst, unzusammenhängendes Sinnieren oder „Aufgeben" (Depression, Drogen/Alkohol, Fernsehen). In diesem toxischen Zustand ist man von sich selbst, seinen Ressourcen und jeglicher kreativer Vorstellungskraft abgeschnitten. Alles, was man noch tun kann, ist, *die Liegestühle auf dem Deck der Titanic umzustellen.* Es gibt trotzdem keinen Ausweg.

In Bezug auf das Performanceholon werden im CRASH zumindest einige Teile der Erfahrung als negativ erlebt oder wahrgenommen; man ist ein „Fundamentalist", der sich die vielen Darstellungen einer Karte nicht zu eigen machen kann, man kann seinen Körper nicht direkt fühlen und es fühlt sich nicht so an, als sei die Welt sicher und voller Ressourcen.

*Muster eines CRASH Holons*

1. Zugrundeliegender „Feld"-Kontext: CRASH (Wut/Angst/ körperlos/depressiv

2. Einige Teile sind weder willkommen noch anerkannt.

3. Einige Teile werden negativ (als „schlecht") bewertet.

4. „Fundamentalismus": Landkarten sind starr und unveränderlich nach Feedback (Oberflächen-Inhalt, Formen, Bedeutungen)

5. Funktionale Isolation („Dissoziation") der Teile

6. Die Teile unterliegen einem „Nullsummen"-Wettbewerb

7. Keine systemische Integrität: fehlende Mitte, kein einheitliches Feld, unausgewogene und fragmentierte Beziehungen

Wir wollen damit sagen, dass ein und dieselbe Situation entweder als äußerst positives Ereignis oder als schrecklich negative Erfahrung wahrgenommen werden kann, *je nachdem, in welchem Zustand du sie betrachtest*. Stell dir mal vor, du wärst in einer sehr schwierigen Familie aufgewachsen und willst über Weihnachten nach Hause fahren. Wenn du nun in einem CRASH-Zustand an die Sache herangehst – dich anspannst, sobald du dir es vorstellst; „weißt", dass es eine Katastrophe sein wird; deinen Familienmitgliedern in einem ängstlichen oder wütenden Zustand begegnest; leicht in alte negative Muster verfällst und das Schlimmste, was kommen kann, vorhersiehst – dann wird zweifellos das von dir am meisten gefürchtete Alptraum-Ereignis hervorrufen. Und um dem Ganzen noch die Krone aufzusetzen, wirst du alles auf dich selbst und/oder die anderen schieben, die Grube des Elends noch tiefer graben und die nächste negative Erfahrung vorbereiten.

Stell dir nun vor, du gehst die gleiche Situation im COACH State an: Du findest eine Verbindung zu dir selbst, die tiefer ist als der Schmerz in der Familie; du übst, trotz der Trigger mit dem positiven Zustand verbunden zu bleiben; während deines Besuchs achtest du zuerst auf deinen COACH State; du beschäftigst dich kreativ mit den festgefahrenen Punkten und so weiter. Offensichtlich würde dies zu grundlegend anderen Erfahrungen bei dir und (vielleicht) auch bei den anderen führen.

*CRASH als „Neuromuskuläre Blockade":*
*Die Landkarten sind fixiert/eingefroren*

Für uns sind COACH und CRASH keine oberflächlichen Zustände bei „positiven oder negativen" Inhalten, sondern tiefere Bewusstseinszustände, die sich jedem einzelnen Moment öffnen oder davon dissoziieren, wodurch Lösungen oder Probleme geschaffen werden. Ein COACH State bedeutet nicht, nur positive Gedanken oder angenehme Erfahrungen zu haben und zu lächeln; Es ist eine tiefere Präsenz, die sowohl Leiden als auch Freude mit gleicher kreativer Verbundenheit hält. Sie vermeidet keine Schwierigkeiten des Lebens; sie öffnet sich dafür oder durch sie, auf eine Weise, die das Leben humanisiert und integriert.

Diese Macht ist in uns allen. Wenn wir das begreifen, kann aus unseren Träumen Wirklichkeit werden. Wir können das Beste in uns und anderen finden. Wir können eine Welt schaffen, der wir zugehören wollen. Deshalb betrachten wir COACH als ein zentrales Meta-Unterscheidungsmerkmal dieser Arbeit. Wenn wir nun jeden der sechs Schritte aus dem ersten Band Generatives Coaching weiter ausarbeiten, hoffen wir, dass du besser verstehen wirst, wie dies den Unterschied bewirkt, der den Unterschied ausmacht.

## Zusammenfassung

Im Generativen Coaching gehen wir davon aus, dass die *Realität durch das Bewusstsein geschaffen* wird und wir an diesem Prozess aktiv beteiligt sind. Dieser kreative Prozess beinhaltet „Dialoge", z. B. zwischen dem Quanten-Bewusstsein des „Träumers" und dem Weltbewusstsein des „Realisierers", sowie lokalere Dialoge zwischen verbalem (kognitiven) und nonverbalem (somatischen) Verstand oder zwischen der „Selbst"-Position und den vielen „Anderen" im Feld der eigenen Persönlichkeit. Diese Gespräche benutzen Filter oder *repräsentative* Landkarten, um Felder des kreativen Potenzials in spezifische Realitäten zu übersetzen.

Jedes Muster kann destruktiv oder konstruktiv sein, je nachdem, wie wir es nutzen. Noch wichtiger als das Muster oder die Landkarte ist also die menschliche Präsenz, die es benutzt. COACH ist ein kreativer Zustand, der positive und transformative Realitäten unterstützt, während CRASH eine destruktive Kraft ist. Im Coaching verbinden wir unsere Klienten also mit ihrer tiefsten positiven Absicht und unterstützen sie dann dabei, ihren besten kreativen Zustand zu finden, um diesen Traum zu verwirklichen.

Um all dies in die Tat umzusetzen, kehren wir zum 6 Schritte-Modell aus Band 1 zurück und erforschen nun fortgeschrittenere Anwendungen für jeden Schritt. Möge dich die Reise dabei unterstützen, die Person zu sein, die du am ehesten sein willst, und dir helfen, Gemeinschaften zu schaffen, in denen du am liebsten leben möchtest.

*Es gab einmal einen japanischen Zenmeister namens Nan-in, der in der Meiji-Ära lebte (1868-1912). Während seiner Tage als Lehrer wurde er von einem Universitäts-Professor besucht, der sich für Zen interessierte. Aus Höflichkeit servierte Nan-in dem Professor eine Tasse Tee.*

*Als er einschenkte, füllte sich die Tasse des Professors immer mehr, doch Nan-in schenkte weiter ein Als der Professor sah, wie die Tasse überlief, konnte er nicht länger an sich halten und sagte: „Sie ist überfüllt, nichts wird mehr hineingehen!"*

*Nan-in wandte sich an den Professor und sagte: „Wie die Tasse sind auch Sie voller eigener Meinungen und Spekulationen. Wie kann ich Ihnen Zen zeigen? Es sei denn, Sie leeren zuerst Ihre Tasse."*

# Kapitel 2

# Schritt 1
# Das COACH Feld eröffnen

Ausgangspunkt allen schöpferischen Handelns ist es, zunächst einmal den Geist zu leeren und sich mit einer tiefen Präsenz in sich selbst und in der Welt als Ganzes zu verbinden. So können unsere Gedanken und Handlungen klar und authentisch werden und aus einer tiefen, geheimnisvollen Quelle entspringen. Dies ist eine Voraussetzung für die Entwicklung nachhaltiger positiver Veränderungen.

Das ist kein mechanischer, linearer Prozess, sondern Teil eines natürlichen Dialogs. So könnte idealerweise der erste Teil einer Sitzung mit ein paar Minuten „sozialem Geplauder" beginnen und dann zu einer informellen Beschreibung des Sitzungsziels übergehen:

> *Nehmen Sie sich ein paar Minuten und erzählen Sie mir, was Sie heute am liebsten erreichen wollen.*

Während die Klientin spricht, bringt sich der Coach in einen COACH State, wobei er einen tiefen, zentrierten Raum des Zuhörens eröffnet.

Von dort aus kann der Coach die Klient:in einladen, dasselbe zu tun:

> *Es klingt, als haben Sie ein wirklich bedeutsames Ziel, und ich würde Sie gerne dabei unterstützen, es zu erreichen. Dafür ist es gut, sich mit der besten Version Ihrer selbst zu verbinden.*

Die meisten Klienten stimmen zu, dass dies eine gute Idee sei, sie wüssten aber nicht, ob und wie das möglich sei. Hiermit verdient sich der oder die generative Coach als erstes sein Geld: Indem sie dem/ der Klient:in helfen, ein nachhaltiges *COACH Feld zu entwickeln.*

Im ersten Band haben wir dafür zwei Methoden vorgestellt. Bei der ersten werden die Klient:innen durch eine einfache Anleitung geführt: **C** (zentriert) – **O** (offen) – **A** (aufmerksam) – **C** (verbunden mit der Mitte, der Intention und dem Ressourcenfeld) – **H** (willkommen heißen, was auch immer sich zeigt). Die/ der Coach wendet hierbei die 3 R Regel an **(Rhythmus, Resonanz und Repetition)**, um einen kreativen Effekt zu gewährleisten.

Die zweite Methode haben wir ***Prototyp für Schritt 1*** genannt, wobei wir eine *COACH-ähnliche Erfahrung wiederbeleben. Dazu fragen wir:*

*Wenn Sie sich auf sich selbst besinnen wollen, wie machen Sie das am besten? (z. B. in der Natur spazieren gehen, im Garten arbeiten, meditieren, sich mit einer speziellen Person verbinden)*

Oder: Können Sie sich an eine Zeit erinnern, als Sie sich wirklich mit sich selbst und der weiten Welt verbunden gefühlt haben?

Sobald die Klientin einen solchen Ort gefunden hat – und manchmal braucht sie zunächst ein kleines Coaching, um sich zu entspannen, zu atmen und langsamer zu werden – werden die Erfahrungen „ausgepackt", so dass die positiven Elemente der Erinnerung im gegenwärtigen Zustand wiedererlebt werden.

*Das ist großartig. Wenn Sie gärtnern, dann bringt Sie das normalerweise in einen wirklich positiven Zustand. Können Sie sich an eine Zeit erinnern – vielleicht kürzlich – als Sie so eine positive Gärtnererfahrung fühlen konnten?*

Und wenn sich die Klientin dann an eine bestimmte Erfahrung erinnert und sich einstimmt:

*… Also letzten Mittwoch, nach der Arbeit, gingen Sie in den Garten. Das ist großartig. Werden Sie langsamer, nehmen Sie einen Atemzug und versetzen Sie sich in diese Erfahrung zurück. (Pause). Und dann erzählen Sie mir, was sie als erstes wahrgenommen haben: ein visuelles Bild oder ein Körpergefühl oder ein Gedanke… (die Klientin erzählt von ihrem Bild)… Wenn Sie sich in diese positive Erfahrung versetzen, sehen Sie also als erstes den schönen blauen Himmel und die Blumen in Ihrem Garten… das ist großartig… Langsamer und atmen Sie das durch Ihren Körper… lassen Sie das Bild durch Ihren Atem und durch Ihren Körper ziehen, so dass Sie es nun noch einmal erleben können.*

Wir sprechen also nicht nur über eine Erfahrung, sondern wir leiten den Coachee an, aus dieser Erfahrung heraus „zu sprechen". Das bedeutet für gewöhnlich, sich mit der konkreten Erfahrung zu identifizieren, langsamer zu werden, sich zu entspannen und sich auf die Details einzustimmen (Klang, Ansicht, Gefühl) und „atme sie" durch das somatische Selbst auf und ab. Dies aktiviert erfahrungsgemäß das COACH Feld.

## Die zwei Ebenen der Erfahrungswirklichkeit

Um den Wert eines COACH-Feldes besser zu verstehen, wollen wir unsere Diskussion aus Band 1 über das Modell „kleiner Kreis – großer Kreis" der Realitätskonstruktion wiederholen. Der „große Kreis" stellt das Weltall des kreativen Bewusstseins dar, eine Art „Quantenfeld", das die Geschichte des Bewusstseins enthält. Dieses *kreative Feld* ist die Quelle und der Kontext all unserer Erfahrungen. Der „kleine Kreis" stellt die konkreten Erfahrungsmuster dar, die in jeder Erlebnisgeschichte vorhanden sind – ein Gedanke ein zwischenmenschlicher Austausch, ein Ereignis, ein körperlicher Zustand, eine Erinnerung usw.

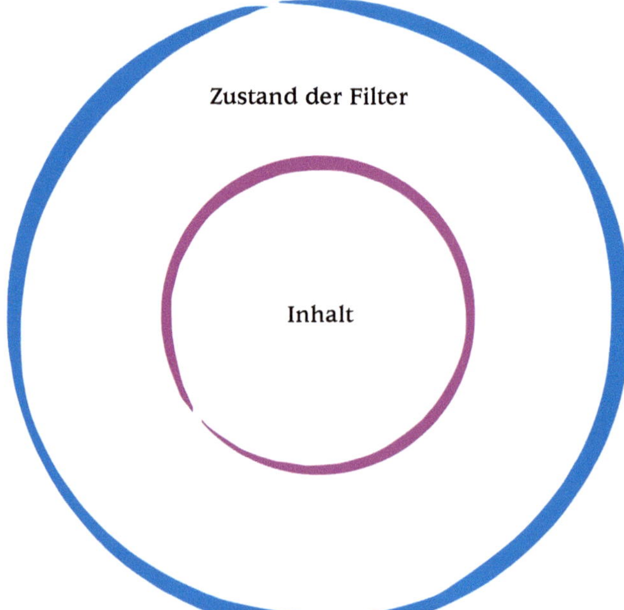


Während unser Fokus normalerweise auf dem „kleinen Kreis" liegt – auf all den Dingen die passieren – ergeben sich Bedeutung und Bewegung dieser Erfahrungswirklichkeiten aus dem „großen Kreis" – dem tieferliegenden kreativen Feld. Angenommen wir lassen uns auf eine Beziehung ein und es entwickelt sich plötzlich ein Störgefühl in der Brust, dann liegt darin keine eigentliche Bedeutung, sie ergibt sich aus der menschlichen Beziehung selbst. Wenn ich also so reagiere:

*Oh mein Gott, ich habe eine Panikattacke! Das ist schrecklich. Versuche, nicht darüber nachzudenken, Sorge dafür, dass es keiner bemerkt …*

Dann würde es eine „negative Erfahrung" bewirken. ***Die Bedeutung ist nicht die Erfahrung, sie liegt in der Beziehung zu der Erfahrung.***

Stellen wir uns eine andere Beziehung dazu vor: Wenn das Störgefühl auftaucht, nimmst du es wahr, trittst einen Schritt zurück, atmest, machst Platz in deiner Brust, um es willkommen zu heißen und neugierig darauf zu sein, und du unterstützt es respektvoll. Das würde zu einer „positiven Erfahrung" führen, die eine ganz andere Realität entfalten würde.

Machen wir ein Experiment, um dies zu verstehen. Stell dir vor, du wärst ein kleines Kind mit einer gewissen unschuldigen Neugier auf die Welt. Nun stell dir vor, da sind zwei Türen vor dir: auf dem Schild über der linken Tür steht „CRASH", auf dem Schild über der rechten Tür steht „COACH". Öffne die CRASH-Tür und gehe nur so weit hinein, bis du wahrnimmst, dass es mit dunkler Präsenz und vorcingenommenen Leuten gefüllt ist, die dich mit kritischen, missbilligenden Augen ansehen. Du bemerkst, wie sich ihre Gegenwart auf deine Kreativität, dein Weltbild und dein Selbstwertgefühl auswirken,

Verlasse den Raum, atme durch und tu so, als ob du dich unter eine „heilende Dusche" stellst, um den Schrecken der schlechten Energie abzuwaschen. Dann geh in den COACH-Raum. Während du hineintrittst, fühlst du ein warmes Gefühl der Resonanz. Du schaust dich um und siehst gutherzige Menschen mit strahlenden Augen und großer menschlicher Präsenz. Stimm dich auf das unschuldige Kind in dir ein und nimm die Unterschiede deiner Erfahrung in diesem Raum wahr.

Die Erfahrungen in beiden Räumen wären wohl wie Tag und Nacht. Dies entspricht CRASH vs. COACH Im CRASH-Zustand fühlt sich Leben bedrohlich, bedrückend, und unberechenbar an. Man stumpft ab, wird zynisch oder dissoziiert sich irgendwie. Es liegt auf der Hand, dass die generative Kreativität dadurch begrenzt wird.

Doch im COACH Raum fühlt sich das Leben verlockend und erstaunlich wundervoll an und man fühlt sich willkommen und verbunden. Dies ist der Ausgangspunkt für Generativität (Schöpferkraft) und zeigt, warum das „Eröffnen eines COACH-Feldes" der erste Schritt beim Generativen Coaching ist.

Diese zugrunde liegende Präsenz bildet ein *Feld* und ist kein *Zustand*. Ein Zustand wird durch ein strukturelles Muster für ein beziehungsorientiertes Engagement gebildet; ein Feld ist subtilerer Art, es ist eine offene Präsenz, die unendlich viele mögliche Zustände enthält. Generative Merkmale eines COACH-Feldes sind:

1. Wir können unsere Ego-Identifikationen und Ego-Dramen loslassen;

2. Wir können im Quantenmeer unendlich vieler Möglichkeiten schwimmen und uns mit dem unendlichen Potenzial jeden Augenblicks verbunden fühlen;

3. Wir können uns selbst als *achtsame offene Präsenz* erleben, gewillt und fähig mit jeder Erfahrung *zu sein, ohne sich damit zu identifizieren*;

4. Wir können jede Erfahrung wie ein schimmerndes Juwel halten und ihre vielen möglichen Formen und Werte wahrnehmen;

5. Erfahrungen positiver menschlicher Präsenz berühren und sie dadurch in eine *integrierte menschliche Ressource* verwandeln;

6. Wir können das tiefe Vertrauen entwickeln, dass wir, egal was das Leben bringt, Wege finden können, um es als Segen und Ressource zu begreifen.

Als wir jünger waren, hofften wir, dass andere uns diese Erfahrungen vermitteln könnten. Die gute Nachricht ist, dass *du* nun selbst diese transformierenden Zusammenhänge herstellen kannst. Ist das nicht großartig?

# Die drei Samen für die Achtsamkeit

Eine hervorragende Methode zur Öffnung eines COACH-Feldes ist die tibetisch-buddistische Praxis, die wir *drei Samen*[1] *für die Achtsamkeit* (Wangyal, 2012) nennen. Interessanterweise unterscheidet auch diese Tradition wie viele andere Praktiken zur Öffnung einer tieferliegenden Schicht zwischen drei Intelligenzen – der sprachlichen (kognitiven), der körperlichen (somatischen) und der geistigen Intelligenz (Feldgeist)

Bei dieser Methode stellst du dir vor, dass „medizinische Samen" oder „Tropfen" in jede Intelligenz hineinfallen:

> *Innehalten* für die Intelligenz
>     des Körpers,
> *Stille* für den sprachlichen
>     Verstand, und
> *Weite* für den Feldgeist.

Dies dient dazu, jede Intelligenz aus der „Ego"-Ebene, die mit starren Formen identifiziert ist, auf eine „generative" Ebene aus flimmernden, lichtvollen Formen zu bringen. Wenn wir uns z. B. vorstellen, wie die „medizinischen Samen" des *Innehaltens* durch die Schädeldecke eintreten, fühlen wir, wie der Körper die Medizin aufnimmt und sich zu einem leuchtenden „Lichtkörper" öffnet, der unendlich viele mögliche Körper enthält. Wenn dann ein CRASH Zustand aus Angst oder Schmerz „zu Besuch kommt", kann er in den leuchtenden „Körper aus Körpern" absorbiert werden und sich von einem starren „Schmerzkörper" in einen tanzenden „Ressourcenkörper" verwandeln. Diese Erfahrung von einem „Körper aus Körpern" ist für jede generative Performance essenziell, damit das verkörperte Bewusstsein in einem fließenden Zustand ständig wechselnder Muster bleibt.

Innehalten

---

1 [Anm. d. Ü.: Tenzin Wangyal Rinpoches Lehre heißt im Engl. „Mindfulness Drops".

In ähnlicher Weise werden die Samen der *Stille* dazu verwandt, „leuchtende Nester" für das ständige Geplapper unseres Ego-Verstandes zu öffnen. Wir versuchen nicht, unsere Gedanken zum Schweigen zu bringen oder sie loszuwerden, sondern verlagern unsere Aufmerksamkeit auf einen subtilen „Geist aus Intelligenzen", der jede Gedankenform mitfühlend willkommen heißen und sich kreativ mit ihr auseinandersetzen kann. Wir können „mit unseren Gedanken sein, ohne dazu zu werden", das ist das Beste aus allen Welten. (Dies ist ein Schwerpunkt in den meisten Achtsamkeitsübungen.)

Stille

Für den Feldgeist öffnen die Samen der *Weite* ein „Feld aus Feldern", das jede unserer Beziehungsgemeinschaften „einschließt und transzendiert". Ich wurde in der japanischen Kampfkunst Aikido gelehrt, dass ich mir nach dem Betreten eines Raumes vorstellen solle, dass meine Mitte in die Erde fällt und sich langsam öffnet, um alles in dem Raum und darüber hinaus einzuschließen. Kein Blockieren, kein Anhaften, sondern ein Bewusstseinsfeld das alles, was da ist, einschließt und darüber hinaus geht, Tatsächlich ist das eine sehr generative Übung.

Weite

Wir wollen uns nun ansehen, wie dies mit dem folgenden Format in fünf Schritten funktionieren kann.

## Schritt 1: Vorbereitung

Okay, lass uns jetzt diese Methode untersuchen, wie man „die medizinischen Samen" in die drei Intelligenzen fallen lässt – in die körperliche, die sprachliche und in die des Feldes. Finde für dich einen guten Platz, richte dich ein und lass dich nieder. Du kannst dies im Sitzen oder im Stehen tun …

Als erstes nimmst du ein paar tiefe Atemzüge …  wirst langsamer … Sag  dir auf einfache Art: *Es ist Zeit nach Hause zu kommen … Es wird Zeit, mich nach Hause zu bringen* … Atme tief ein … und vielleicht öffnen sich deine Arme …  um all deine unterschiedlichen Teile einzusammeln … Du nimmst all die Orte wahr, an denen du dich verschenkt hast … und während du ausatmest, bringst du deine Arme zu dir … zurück nach Hause. Das ist gut so … (Pause) Atme tief ein … Und wenn du ausatmest, gibst du alles an die Erde ab … Lass deine Hüften fallen, entspanne dich in die Erde … entspanne deine Knöchel, entspanne deine Knie, entspanne deine Hüften und atme aus, hinein in die Erde … loslassen … lass los … lass los …

Wenn du einatmest, öffne deine Schultern … Öffne deinen Brustkorb … und öffne dein Herz zum Himmel … Erhebe dich in den Himmel … zu den Sternen und dem Mond und dem Wind und dem Firmament … und stell dir vor, wie aus dem Himmel ein schöne reinigende Energie kommt … vielleicht als Wasserfall oder als Lichtstrahlen, stell dich darunter … öffne dich dafür … und lass dich mit dieser reinigenden Präsenz berieseln … Wie unter einer Dusche … wird all der Staub und die Schrecken und die Gifte weggewaschen … die Japaner sagen dazu *misogi … Reinigungsritual …* (Dies kann modifiziert und auf vielfache Weise ausgearbeitet werden.)

Und von hier aus, schwingen wir uns auf die *Samen zur Achtsamkeit* ein. Wir beginnen mit dem physischen Körper … *dem somatischen Verstand*. Spüre in deinen Körper, fühle seine schöne Natur, fühle seine tiefe Weisheit und Intelligenz … Und um dies zu nähren, nimm einen leuchtenden Samen oder flüssigen Tropfen zwischen Daumen und Zeigefinger … und nimm dies als *Samen zum Innehalten* wahr. Stimme dein Bewusstsein so ein, dass du die Schwingung des Samenkorns spüren kannst … seine Farbe … seine energetischen Schwingungen … Ein Samenkorn, das Musik und Erinnerungen und Weisheit und Heilung in sich trägt …

Wenn du diesen *Samen des Innehaltens* spüren kannst, hebe es langsam über deinen Scheitel … ganz langsam, wie ein Tai-Chi-Tanz, drei- oder viermal langsamer als eine gewöhnliche Bewegung … Und wenn das Samenkorn über deinem Kopf ist … lass es sanft in deinen Körper fallen … wie einen Kieselstein, der in einen Teich fällt … (sanftere Stimme) Fühle es … sehe es … spüre es … Fühle es wie Seelenmedizin, die von jedem Teil deines Körpers aufgenommen wird … Deine Muskeln … Deine Blutgefäße … Dein Herz … Deine Seele … *Innehalten … Inne…halten … Innehalten*. Bis hinunter in die Fußsohlen, hinunter in die Wurzeln der Erde … Loslassen. Lass los … Lass los … Lass los. (Dies kann weiter ausgeführt werden. Es ist gut, drei- bis viermal den Samen fallen zu lassen.

(Pause)

Nun schwingen wir uns auf den zweiten Verstand ein, deinen sprachlichen oder verbalen Verstand. Spüre nach, wo du die physische Präsenz deines verbalen Verstandes spürst… In deiner Stirn? Auf einer Seite? … Ein wenig außerhalb deines Körpers? … Ist das nicht interessant, dass du den Ort wahrnehmen kannst? Und wenn du liebevoll deinem verbalen Verstand nachspürst, nimm einfach wahr, was gerade geschieht… Ist er angespannt? … Müde? … Gelangweilt? … Was immer du bemerkst: *Willkommen … Willkommen … Willkommen*.

Um ihn mit der Seelenmedizin zu nähren, stell dir vor, du hältst einen zweiten Samen zwischen Daumen und Zeigefinger. *Einen Samen der Stille* … Und führe den Samen langsam über deinen Kopf …drei- bis viermal langsamer als eine alltägliche Bewegung und dann lass ihn behutsam in das Zentrum deines sprachlichen Verstandes fallen … und ein schönes Nest der goldenen Stille öffnen, um den sprachlichen Verstand zu halten. *Stille … Stille … Stille*. Du versuchst nicht, deine inneren Stimmen loszuwerden … Halte sie einfach in einem wunderschönen „Energieball" leuchtender Stille … Fühle Zuneigung und Mitgefühl dafür, wie hart dein Verstand arbeitet … wie er sich sorgt …wie unsicher er sich fühlt … Bringe ihn in einen goldenen Ball der Stille … *Willkommen … Willkommen … Willkommen …*

(Pause)

Und dann gibt es die dritte Intelligenz, die aus allen Beziehungsgemeinschaften besteht, in denen du lebst und von denen du ein Teil bist: … an deinem Arbeitsplatz …in deiner Familie … mit deinen Freunden … all die verschiedenen Beziehungsgemeinschaften, zu denen du gehörst … Und um die Seelenmedizin dorthin zu bringen, nimm einen dritten Samen … *den Samen der Weite* … Spüre den Samen zwischen Daumen und Zeigefinger pulsieren, nimm seine Farbe und sein Pulsieren wahr … *Weite … Weite … Weite …*

Und hebe den Samen langsam über deinen Kopf, … lass ihn behutsam durch deinen Geistkörper fallen … und ihn deine Mitte berühren, … dein Herz … oder dein Bauchzentrum … Lass den Samen aufgehen und ein schönes generatives Feld erblühen, das sich in der Welt ausbreitet … So wie die Wellen, die du in einem Teich beobachten kannst, wenn du einen Kieselstein hineinfallen lässt, … entfaltet sich … ein wunderschönes leuchtendes Feld … Es dehnt sich aus …*Weite … Weite … Weite …*, um all die Menschen und Orte und Dinge in dieser Situation zu umfassen … Und es öffnet sich sogar darüber hinaus … *Dein COACH* Feld dehnt sich aus, um alles einzuschließen … um allem Raum zu geben, nichts auszuschließen … *Willkommen … Willkommen … Willkommen …*Raum für dich, Raum für sie, Raum für die Einheit allen Lebens. (Dies kann weiter ausgeführt werden.)

Beachte nun, wie dir diese Samen helfen können, dich daran zu erinnern: … *Du hast einen Körper, doch hast du darunter einen Körper aus vielen Körpern*, um deinen kostbaren Körper zu haben und zu halten … *Du hast einen verbalen Verstand … aber du bist der Geist aus Intelligenzen,* der zärtlich jeden Gedanken mit liebevoller Güte halten kann … Du bist in vielen Beziehungen, aber du kannst die zugrundeliegende Präsenz spüren, die jede Beziehung durchdringt und darüber hinaus geht.

Nimm dir also etwas Zeit, um nachzuspüren, was du gespürt hast … um wahrzunehmen, was du über deine eigene kreative Kraft gelernt hast … und über alles, was du hier nützlich gefunden hast. Schwöre einen Eid, täglich zu üben … in dem Wissen, dass dein Leben durch die Versprechen, die du dir gibst, gelebt wird … Als Kinder haben wir meistens negative Eide geschworen: *So werde ich nie … So etwas, werde ich nie tun …*, aber als Erwachsene wächst unser Leben an den positiven Gelübden, die wir ablegen …

Und wenn du bereit bist, dann gib dir selbst eine liebevolle Umarmung. Unsere Lehrerin Virginia Satir, die großartige Erdenmutter der Familientherapie, pflegte zu sagen, um ein menschliches Wesen zu sein, braucht man mindestens 10 Umarmungen am Tag. Du kannst dir selbst mindestens fünf davon selbst geben … Umarme dich also … gib dir die Liebe, nach der du dich sehnst … Sende dir die Botschaft: *Ich liebe dich, ich sorge für dich, ich bin für dich da …* Und wenn du dann fertig bist, nimm einen tiefen Atemzug, öffne deine Augen und komm wieder in die gewohnte Lebenswirklichkeit zurück.

Dieses Format kann ganz unterschiedlich variiert werden. In Band 1 haben wir darüber berichtet, wie wir in der Regel von unseren Klienten die Verpflichtung einholen, täglich zu üben, und wie wir sie dabei unterstützen, die optimalen Praktiken zu finden. Dieses Format der „drei Samen zur Achtsamkeit" ist sehr beliebt. Viele Menschen finden großen Nutzen darin, wobei sie es auf verschiedene Weise einsetzen: Direkt vor einer schwierigen Herausforderung, als eine kurze COACH-Verbindung in freien Momenten des Tages, als Teil der Selbstfürsorge usw. Es hilft, die zugrunde liegende natürliche Intelligenz eines COACH-Feldes zu entwickeln. Das hat seinen eigenen Wert, aber es ermöglicht Menschen auch, die Ego-Kämpfe einfach loszulassen, weil sie spüren, dass es etwas Tiefgründigeres gibt, dass sie auffängt,wenn sie sich ergeben.

## *Eröffnen des COACH Feldes: Achtsame Mantras*

# Die Technik der Drei-Punkte-Aufmerksamkeit

Wir haben darüber gesprochen, dass es eine Sache ist, einen COACH State zu entwickeln, aber eine ganz andere, ihn aufrecht zu erhalten. Wir verlieren unsere COACH-Verbindung so leicht, auf so viele Arten. Die Dinge fangen so gut an und entgleisen ganz leicht. Deshalb ist es besonders wichtig, zentriert zu bleiben, besonders in Situationen, von denen wir wissen, dass wir leicht getriggert werden können. Hierfür ist die Technik der Drei-Punkte-Aufmerksamkeit besonders geeignet.

Im Aikido gibt es ein zentrale Prinzip:

> *Fixiere niemals deine Augen auf deinen Gegner!*

Eine logische Folge wäre:

> *Fixiere niemals deinen Verstand auf das Problem!*

Würden wir so agieren, würden wir aus unserer Mitte in einen signifikanten CRASH geraten. Durch die Technik der Drei-Punkte-Aufmerksamkeit können wir „sanfte Augen" entwickeln, die die primäre Verbindung im Aikido ermöglichen: *In die Mitte fallen und sich dem Feld öffnen.* Dies ist eine COACH Übung, bei der der Körper entspannt wird, die Aufmerksamkeit auf die Hände fällt, die Augen als sanft und klar empfunden werden und die periphere Aufmerksamkeit dominant wird. Mit diesem verkörperten offenen Gewahrsein kannst du in einen *Flow-Zustand* eintreten, in dem Information/Energie durch dich *hindurchfließt*, die die Gefahren eines CRASH minimiert sowie die COACH-Möglichkeiten optimiert.

Dies ist weder ein sentimentaler noch ein „warmer schwammiger" Zustand; es ist der eigentliche Leistungszustand aus dem Aikido, um kreativ mit schweren Angriffen und Bedrohungen umzugehen.

Wir gehen zuerst auf die Grundlagen der Technik ein und betrachten dann verschiedene Anwendungen.

1. **Schritt 1: Sich einrichten, sich niederlassen.** Wie bei den meisten Techniken im Generativen Coaching kannst du im Sitzen oder Stehen mitmachen. Wir empfehlen, im Sitzen anzufangen. Nimm eine bequeme Haltung ein, mit aufrechter Wirbelsäule, die Hände liegen auf deinen Beinen. Nimm ein paar tiefe Atemzüge und entspanne dich.

2. **Schritt 2: Öffne die vertikale Achse**
   – die Verbindung zwischen Himmel
   und Erde. Atme entlang deiner Wirbelsäule ein und aus, stelle dir eine
   vertikale Achse vor, die in die Erde
   hinein atmet und dann durch den
   Scheitel in den „Himmel" hinaus.
   Mach es ganz entspannt, wobei du
   deinen Geist spürst, wie er „auf dem
   Atem zwischen Himmel und Erde
   reitet" und einen leuchtenden Kanal
   öffnet. Es ist sehr wichtig, dass du
   dabei dein Gewicht in der unteren
   Körperhälfte spürst, während du
   deinen Geist in dein Bauchzentrum
   fallen lässt.

3. **Schritt 3: Entwickle „sanfte Augen"
   und öffne das periphere Gewahrsein.** Für gewöhnlich sind unsere
   Augen sehr angespannt, was das
   Ego-Geplapper erzeugt. Um diese *neuromuskuläre Blockade* zu
   lösen, empfinde deine Augen als
   „sanft", vielleicht stellst du sie dir
   als „strahlende Sonnen" vor. Kein
   glasiger oder betäubter Blick, sondern klar und ohne zu starren. Finde ein Gefühl von ausgedehntem
   subtilen Gewahrsein, öffne deinen
   peripheren Verstand als dominant.
   Dies ist die Übung: Sobald du weißt
   wonach du suchst, versuche jedes
   Mal, wie du es finden kannst.

4. **Fühle deine beiden Hände in deinem peripheren Gewahrsein als die ersten beiden Punkte deiner Aufmerksamkeit.** Dies ermöglicht dir, deine Aufmerksamkeit fallen zu lassen, sie mit somatischer Resonanz zu verbinden, sich dem COACH-Feld zu öffnen und sie in beiden Händen zu ankern. Wie jede Praxis, kann es eine Weile dauern, bis du dich in dieser Verbindung wohlfühlst; der konditionierte Ego-Verstand unterbricht immer wieder den Rhythmus und die Verbindung. Du wirst wissen, wenn du es gefunden hast, sobald du spürst, wie sich ein positives, ruhiges Feld um dich herum öffnet, mit deiner Präsenz im Zentrum. (Das ist ein COACH Feld.)

5. **Finde einen dritten Punkt für deine Aufmerksamkeit, um ein „Dreieck" zu vervollständigen.** Dies kann ein imaginierter Punkt vor dir sein, der deinen Verstand für die Welt öffnet. Oder es kann ein zentraler Punkt innerhalb deines Körpers sein, z. B dein Bauch oder der untere Rücken, der dich dabei unterstützt, mit dir selbst verbunden zu bleiben, um dich nicht an andere Menschen zu verlieren. Finde heraus, was dir am besten nutzt.

6. **Bringe alle Teile zusammen.** Nun kannst du ein „Holon" üben, in dem alle Erfahrungen harmonieren: *Entspannter Körper ... aufrechte Wirbelsäule ... vertikaler Fluss ... sanfte Augen ... offenes peripheres Gewahrsein ... sanft fokussiert auf beide Hände ... einschließlich eines dritten Punktes.*

Dies ist eine grundlegende Übung, um das COACH-Feld zu eröffnen. Sie ist verwandt mit Meditations-Techniken ähnlich wie *Mantra* Wiederholungen oder *achtsames Atmen*, aber der sanfte Fokus auf den Händen und die Öffnung der peripheren Aufmerksamkeit bringt das Bewusstsein vollkommner in die Welt, um eine kreative Handlung zu ermöglichen. Wie gesagt, es ist eine grundlegende Übung im Aikido: Sanfte Augen, entspannter Körper, offenes Gewahrsein, geerdeter Fokus. Es hilft dir zu entspannen und dich zu verbinden, aber auch kreative Leistung zu erbringen. Um ein Gefühl für diese mächtige Arbeit zu bekommen, lass uns ein paar Anwendungen untersuchen.

*1. Ängste auflösen.* Wenn du anderen zuverlässige Techniken beibringen solltest, um Ängste immer und überall aufzubauen, welche Übungen würdest du ihnen zeigen? Welche Körperhaltung, Atemmuster, internen Dialoge, Stirnbewegungen ...Welche besonderen Spannungen und Augenbewegungen? Ich denke, wir sind uns einig: Um Ängste zu entwickeln, muss man seinen Körper anspannen, seinen Atem hemmen, die Augen anspannen und sich in zuckender, ängstlicher Weise umschauen. Richtig?

Die Technik der Drei-Punkte-Aufmerksamkeit ist sehr gut geeignet, diese Angstmuster zu unterbrechen. *Entspannter Körper, somatische Mitte, sanfte Augen, geerdeter sanfter Fokus auf die Hände, peripheres*

*Gewahrsein.* Auf diese Weise ist es praktisch unmöglich, ängstlich zu werden. Die Klienten brauchen eventuell Coaching, um bereit und fähig zu sein, die zwanghaften Angstmuster loszulassen, und dann tägliche Übungen, um eine alternative Erfahrung eines COACH-Feldes. Aber wir haben immer wieder gesehen, dass dies möglich ist, besonders mit der Drei-Punkte-Methode.

*2. Schlaflosigkeit auflösen.* Wie würdest du, ähnlich wie bei der Angst, jemandem lehren, schlaflos zu sein? Wie wäre es damit: Sag dir, du musst schlafen gehen, dich hin- und herwälzen, kaum atmen, dir Sorgen um den morgigen Tag machen, die Augen schließen, sich unregelmäßig bewegen, dich über sich selbst ärgern, weil du dich nicht entspannst …die üblichen Verdächtigen.

Da wir um die Welt reisen, kann Jetlag die Schlafmuster unterbrechen. Deshalb nutzen wir eine modifizierte Version der Drei-Punkte-Technik. Zunächst gehen wir ins Bett, legen uns flach auf den Rücken und atmen tief durch, langsam führen wir einen traditionellen „Bodyscan" durch, wobei wir willentlich eine Muskelpartie anspannen und bis fünf zählen, dann atmen wir tief aus und lassen los/ entspannen.

Danach entwickeln wir sanfte Augen, spüren die sanften Hände, jede Handfläche liegt auf dem Bett und zeigt nach oben. Nun fokussieren wir einen imaginären Punkt über uns (vermutlich im Dunklen). So kannst du dich auf die drei Punkte einstimmen – sanfte (linke) Hand, sanfte (rechte) Hand, imaginärer Punkt. Wenn du angespannt und überdreht bist, braucht es vielleicht ein sanftes Coaching, um deine Aufmerksamkeit immer wieder zurückzubringen; denke daran, dich selbst anzuschreien, ist wahrscheinlich der beste Weg, um den negativen Zustand zu verlängern. Verbinde dich mit der Drei-Punkte-Absorption, bis du am Morgen erfrischt aufwachst.

*3. In Gegenwart von schwierigen „Anderen" die eigene Mitte bewahren.* Wir alle haben es schon erlebt, dass wir uns von bestimmten Leuten überwältigt fühlten: Eine sehr kritische Person; ein Klient, der dich anfleht, ihn zu retten; oder jemand, der narzisstisch ständig Aufmerksamkeit verlangt. Es ist leicht, von ihrer emotionalen Energie „hypnotisiert" zu werden und sich selbst aufzugeben. Diese Beispiele zeigen, was gemeint ist, wenn man „sein Zentrum an eine andere Person abgibt".

Die Drei-Punkte Aufmerksamkeit ist eine sehr praktische Methode, um mit sich selbst verbunden zu bleiben, und dient als Basis für sicheres und geschicktes Öffnen gegenüber anderen. Es ist eine Version des allgemeinen Vier-Schritte Prozesses: 1.) sich mit der Mitte verbinden; 2.) sich dem Feld öffnen (jenseits einer anderen Person, eines Ortes oder einer Sache);

3.) Resonanz mit der anderen Person, spüren, nur so weit, wie die ersten beiden Verbindungen erhalten bleiben; und 4.) „Geben und Nehmen" zwischen sich selbst und dem anderen spüren.

Auch hier ermöglicht die Einhaltung der drei Punkte ein einfaches „Testen" des COACH State. Sobald du (oder dein Klient) beginnt, die Verbindung zu verlieren, ist dies leicht zu erkennen und signalisiert, dass ein CRASH an die Tür klopft. Deshalb trainieren wir, sich mit einem geerdeten, offenen Selbst zu verbinden, als Voraussetzung für die Öffnung gegenüber anderen.

Auf diese Weise kannst du eine viel tiefere Verbindung eingehen. Von Milton Erickson habe ich gelernt, eine Art Drei-Punkte-Aufmerksamkeits-Zustand einzugehen, wenn ich Klienten zuhöre. So wird man nicht nur nicht von der Geschichte hypnotisiert – die normalerweise als Ablenkungs-manöver in Problembereichen eingesetzt wird –, sondern man kann auch das somatische Zentrum der Person und seine Erfahrung spüren. In Schritt 5 werden wir sehen, wie dies durch *beziehungsorientiertes Zentrieren* erreicht werden kann, das Verbindungen zwischen den Zentren des Coa-ches und der Klient:innen ermöglicht. Hier wollen wir nur zeigen, wie man als Voraussetzung dafür, anderen überhaupt helfen zu können, bei sich selbst bleiben kann.

*4. Die Mitte bei emotionalen Triggern bewahren.* Wenn wir heraus-fordernde Arbeit leisten, können leicht nicht integrierte Emotionen aus-gelöst werden, die sich schnell zu einem erheblichen CRASH entwickeln können. Früher habe ich mit vielen Trauma-Überlebenden gearbeitet, wo diese Gefahr besonders groß ist. Ich habe gelernt, meine Klient:innen zu bitten, während dieser Arbeit die Augen offen zu halten, um eine sicherere Erdung zu spüren.

Wir haben die Drei-Punkte-Aufmerksamkeit oft als Technik eingesetzt, um sich zu erden und im „Hier und Jetzt" zu bleiben. Der „dritte Punkt" sollte ich sein oder die Klient:innen baten manchmal, meinen Golden Retriever in der Sitzung dabei zu haben. Mit einer Hand auf seinem Rücken bot sich eine viel sicherere Erdung, als ich sie hätte bieten können. Die Drei-Punkte-Aufmerksamkeit mit offenen Augen ermöglicht es, den Beginn eines potenziellen CRASH Zustands sofort zu erkennen, was eine sofortige Bewegung zur Wiederherstellung des COACH State signalisiert: *pausieren ... entspannen ... verlangsamen ... sich wieder mit den Hän-den verbinden ... sich wieder mit mir verbinden*. Bei dieser Methode lernst du, dich selbst zu verpflichten, dich nur dann einer anderen Person oder einer schwierigen Erfahrung gegenüber zu öffnen, wenn die Art und das Tempo es dir ermöglichen, mit dir selbst und dem Ressourcenfeld in Verbindung zu bleiben Dieses „tiefe Lauschen" auf dein eigenes Bewusst-sein ist die wichtigste Verpflichtung, die du eingehen kannst.

*5. Bei schwierigen Fragen im COACH bleiben.* In einem kreativen Leben gibt es viele Momente, in denen wir vorankommen wollen, aber nicht wissen wie. Die Drei-Punkte-Methode kann wirklich helfen, mit dieser Herausforderung umzugehen und sich mit einer Frage hinzusetzen, auf die es keine schnelle Antwort gibt. Eine typische Reaktion auf solche Herausforderungen ist der CRASH-Zustand. Du kannst dies feststellen, wenn du jemanden, der in einem solchen Kampf gefangen ist, um ein *somatisches Modell* bittest: Du wirst viel Spannung, Frust, selbstbestrafende Gesten usw. erkennen.

Generatives Lernen findet immer an unseren „Grenzen" statt, dem Ort zwischen „Wissen" und „Nichtwissen". Diese „Fragen ohne offensichtliche Antworten" haben wirklich großes kreatives Potenzial, wenn wir sie im COACH-Feld halten können. Manchmal scherzen wir, dass die liebsten Worte unseres Mentors Milton Erickson lauteten: *Ich weiß es nicht!* Wir waren sehr überrascht, wie oft er diese Worte sagte, und wie glücklich er war, wenn er sie von seinen Schülern oder Patienten hörte. Wir haben von ihm gelernt, dass diese Worte unter positiven Umständen eine Schwelle zu generativer Veränderung ankündigten. Tatsächlich lautete Ericksons vollständige Aussage: *Ich weiß es nicht …, aber ich bin neugierig, es herauszufinden!* Er lehrte uns, dass die Erfahrung des Nichtwissens genau das ist, warum und wann „Trancen" – und was wir als COACH Feld bezeichnen –hilfreich sind. Sie verlagern die „Suche nach Antworten" hin zum „Halten der Frage", so dass eine tieferliegende Intelligenz auftauchen und den Weg zeigen kann. (Im Kreativitätsmodell über vier Schritte, das wir in Kapitel 1 vorstellten, entspricht dies der *Inkubation*s-Phase.)

Die Drei-Punkte-Aufmerksamkeit ist eine hervorragende Methode, um mit jenen Fragen zu arbeiten, die keine offensichtliche Antwort haben. Die Basismethode lautet: *Sich niederlassen .. Somatische Entspannung und vertikaler Fluss … Sanfte Augen … Aufmerksamkeit auf die drei Punkte.* Für diese Anwendung kannst du eine Person bitten, sich die drei Punkte als Dreieck vorzustellen, das einen Durchgang tief in das Quantenunbewusste bildet. Mit dieser Einstimmung lädst du sie ein, ihre Kernfrage wie ein sanftes Mantra zu halten: *Sprich die Frage aus … überlass dich einer tieferliegenden Präsenz … öffne dich dem, was immer auch kommt … (wiederhole dies).* Mit dem peripheren sanften Fokus, geerdet in körperlicher Weisheit, wirst du neugierig für die Bilder, Symbole und neuen Erkenntnisse, die aus dem „tiefen Brunnen" des Unbewussten emporsteigen und durch das Dreieck in dein Feldbewusstsein dringen. Natürlich findet dieser Ablauf mit *Rhythmus, Resonanz und Wiederholungen* statt, wie sie für kreatives Arbeiten notwendig sind. Hoffentlich kannst du erkennen, dass dies ein großartiges Instrument für den „bewussten/ kreativ unbewussten" Dialog sein kann, der  ausschlaggebend für generative Kreativität ist.

## Zusammenfassung

Okay, das ist eine ganze Menge. Lass uns diese Untersuchung des entscheidenden ersten Schrittes, dem Eröffnen eines COACH Feldes zusammenfassen. Wir haben nun vier grundlegende Methoden dafür kennengelernt: 1.) Wiederbelebung einer COACH-ähnlichen Erfahrung; 2.) den geführten C-O-A-C-H-Prozess; 3.) die drei Tropfen zur Achtsamkeit; und 4.) die Technik der Drei-Punkte-Aufmerksamkeit. Für jeden Schritt im generativen Coaching brauchst du eine Reihe von Methoden in deinem Werkzeugkasten. Du hast nun vier für Schritt 1, viele weitere werden noch kommen!

Bei all dem lernen wir, dass COACH- und CRASH-Zustände keine absoluten, festen Formen sind. Das eigene Bewusstsein ist, wie alles in der Natur, in ständiger Veränderung begriffen. Wir betrachten COACH und CRASH nicht als künstliche Unterscheidungen, die dem natürlichen Bewusstsein aufgezwungen werden, wie es westliche Traditionen allzu oft tun. Sie bieten Möglichkeiten, darüber zu sprechen, wie wir unsere sensible menschliche Präsenz in das natürliche Bewusstsein des Lebens einweben können. Wenn wir wach und offen sind, wird eine ganz neue Dimension des schöpferischen Lebens präsent; wir profitieren vom Leben und das Leben profitiert von uns. Wenn wir jedoch verschlossen und feindselig sind – was wir CRASH nennen – vergiftet ein dunkles, Bewusstsein, was nur Menschen haben, das natürliche Bewusstsein. Wir verletzen die Welt, und die Welt wird von uns verletzt.

Wir kannten Milton Erickson während seiner letzten fünf Jahre. Er war ein alter Mann, und wir hielten ihn für allwissend. Deshalb waren wir erstaunt, von ihm Dinge zu hören wie: *Je mehr ich lerne, desto mehr erkenne ich, wie wenig ich weiß.* Jedenfalls dachten wir, dass er lüge. Nun, wo wir selbst „reifer" werden, klingen solche Worte wie die Wahrheit. Somit suchen wir mit diesem ersten Schritt nach der Verbindung des menschlichen Bewusstseins mit der vernetzten Einheit allen Lebens. Jetzt wissen wir, dass wir dies nur tun können, wenn wir erkennen, dass jeder Tag, jeder Augenblick „im Geflecht des Gesamtkomplexes" einzigartig ist. Wie man das macht? *Ich weiß es nicht, aber ich bin neugierig darauf, es herauszufinden …*

~ Miguel De Unamuno
*Wurzeln und Flügel*
bearbeitet und übersetzt von
Robert Bly

# Kapitel 3

# Schritt 2
# Positive Intention festlegen

Die zentrale Frage jedes Generativen Coaching Dialogs lautet:

*Was möchtest du am liebsten in deinem Leben erschaffen?*

Im vorigen Kapitel lag der Schwerpunkt auf dem *Eröffnen eines COACH Feldes* als erster Schritt in diesem Dialog. Nun konzentrieren wir uns auf den komplementären Schritt, auf generative Weise, eine *positive Intention festzulegen*

Um den Begriff „generative" Intention zu verstehen, kommen wir auf unser 4E-Modell aus Kapitel 1 zurück. Dort haben wir gesehen, wie die Kognitionswissenschaft das „körperlose intellektuelle" Denken – bei dem eine Idee irgendein verbales Konzept ist, das man im Kopf hat – zu multimodalen Modellen einer Idee verändert hat: *embodied–verkörpert, (in verschiedene Kontexte) embedded–eingebettet, expressive–ausdrucksstark (nonverbale „Musik" oder Bewegung umfassend)* und *enactive–inszeniert (tatsächliche Verhaltensmuster)*. Dies verdeutlicht, warum wir sicherstellen müssen, dass unsere Klient:innen in Resonanz mit jeder dieser Modalitäten kommen, wenn wir Kreativität coachen.

Wir halten es für bedauerlich, dass traditionelle Lebenshilfe wie Coaching und Therapie aus medizinisch-wissenschaftlichen Kontexten hervorgegangen sind, in denen der körperlose Intellekt der Maßstab ist. Wir glauben, dass Coaching besser funktioniert, wenn das Leben als *Performance-Kunst* betrachtet wird. Denn in der Performance-Kunst geht es um die Frage, wie man seine innigste Verbindung zum Leben findet und dann Menschen damit berührt. Das ist die Frage, mit der wir uns im generativen Coaching beschäftigen.

In GC Band 1 schlugen wir einen Prototypen dazu vor, der enge Verbindungen mit den drei Repräsentationsformen umfasste:

1. *Verbal:* als Erklärung oder Aufforderung: *Machen wir DIES möglich!*

2. *Visuell* (Male dir die positive Zukunft aus.)

3. *Somatisch* (Verkörpere es.)

# Die aussagekräftige Intention

Wir haben erkannt, dass das Beste eine verbale Erklärung ist, die *kurz und bündig* (fünf Worte oder weniger), *positiv formuliert* (ein konkretes Verhalten, ein Ziel oder ein erfahrbarer Zustand), und *Resonanz* bei beiden (Klient:in und Coach) auslöst. Zum Beispiel:

*Ich will eine innigere Intimität in meiner Ehe.*

Das visuelle Bild (bevorzugt in Farbe) könnte eine soziale Wirklichkeit oder eine Metapher sein. Zum Bespiel:

*Ein damit verbundenes Farbbild ist …
dass mein Partner und ich uns
umarmen (soziale Wirklichkeit).*

oder

*Zwei Vögel fliegen zusammen
dem Himmel entgegen.
(Metaphorisches Bild)*

Am besten ist eine Kombination
aus realem und metaphorischem Bild.

Die körperliche Darstellung
ist für gewöhnlich ein **somatisches
Modell**:

*Und wenn ich meinen Körper bitte, das
als Bewegung darzustellen, dann könnte
es so sein …* (die eine Hand bewegt
sich nach außen und die andere
berührt das Herz).

Normalerweise bitten wir die Klient:innen, diese dreiteilige Erklärung sehr langsam zu durchlaufen (**im Rhythmus, in Resonanz** und **mit Wiederholungen – Repitition**), wie bei einem Song oder Tanz. Ein Klient, der Probleme mit seinen Arbeitskollegen hatte, sagte zum Beispiel:

*Was ich am liebsten in meinen beruflichen Beziehungen schaffen möchte …
sind gegenseitiger Respekt und tiefgründiges Zuhören.*

*Und das visuelle Bild, das damit einhergehen könnte, ist …* (der Klient wird gecoacht, um langsamer zu werden und zu sehen was ihm einfällt) … *dass ich mit meinen Kollegen zusammensitze und wir uns zuhören …*

*Und wenn ich meinen Körperverstand bitte, ein somatisches Modell zu bilden, dann wäre es …* (Pause) … (der Klient berührt sein Herz und nickt langsam mit dem Kopf) …

In einer zweiten Runde wird während der dreiteiligen Erklärung daraus *Offenherzigkeit (verbal), ein Mann, der im Wald meditiert (visuell)* und *bei geschlossenen Augen zwei Hände auf das Herz legt (somatisches Modell)*.

In der dritten Runde entsteht daraus *tief gehendes Verständnis (verbal),* mit *Kollegen am Strand laufen (visuell)* und *Salsa tanzen (somatisches Modell)*.

In jeder Runde wird der kreative Prozess für jede Erklärung vertieft durch: *Resonanz, Pausen, Stille, Feedback, Atmen, Wiederholen.* Mit anderen Worten, die Worte sind nur ein Teil des kreativen Dialogs, wie bei jeder darstellenden Kunst.

Wie so oft teilte auch diesmal der Klient mit, dass es sich während des Prozesses anfühlte, als würde „er sich häuten" und „Mauern überwinden", die er aufgebaut hatte, wobei er zuließ ein viel tieferes, klareres Gespür dafür zu bekommen, wer er sein will und wie er in seinen Beziehungen kommunizieren möchte. Er berichtete später, welchen großen Unterschied das bei der Arbeit bewirkt hatte.

Leben ist die Kunst, etwas darzustellen. Wenn wir in unseren Köpfen gefangen sind, verloren in unseren Emotionen und getrennt von anderen, spielt es keine Rolle, was wir wollen: Es kann nichts Positives passieren! Wenn wir die Klient:innen mit ihrer positiven Intention verbinden wollen, müssen wir sie sicher und gekonnt mit ihren innersten Anteilen in Kontakt bringen. Von dort aus können Träume wahr werden.

## *Prototyp für die aussagekräftige Intention*

1  Am liebsten möchte ich in meinem Leben
_______________ erschaffen. (*Verbale Aussage*)

2. Das *Bild*, das ich davon habe, ist:_______________.

3. Und das *somatische Modell* davon ist …
(Zeige die Bewegung.)

## Erste Methode: Die Intention ausschmücken, um andere zu berühren – "Energie-Kugeln"

Eine tiefe Verbundenheit mit sich selbst ist gut, aber nicht ausreichend. Ebenso müssen wir uns auf die Welt einlassen und andere damit berühren, wer wir sind und was wir vorhaben. Zu unseren besten Lehrern gehören Kinder: Zwischen ihnen und der Welt gibt es keine Grenzen (im Guten wie im Schlechten). Ihre Spontanität und Energie sind umwerfend, einfach berührend. Wir alle waren einmal solche Kinder … Was ist passiert? Wir lernten auf dem Weg, unsichtbare „Energie-Mauern" aufzubauen. Und das macht Sinn, denn wir mussten lernen, uns selbst vor negativen Energien zu schützen. Und es wurde uns beigebracht, unsere spontane „Pfauen"-Energie zu unterdrücken. Wenn du die körperliche Präsenz kleiner Kinder gegenüber der von Erwachsenen beobachtest, bemerkst du den Unterschied: *Erwachsene leben hinter unsichtbaren energetischen Mauern.*

**Die meisten Erwachsenen leben hinter unsichtbaren Energie-Mauern. Nichts geht weder raus noch rein.**

Die Kosten sind enorm: nichts geht raus, nichts geht rein. Wir leiden an dem, was Henry David Thoreau „Leben in stiller Verzweiflung" nannte. Um kreativ zu sein, musst du deine Kanäle öffnen und die Welt mit deinem Geist berühren, wie eine Sängerin, die ihr Lied singt oder die Präsenz eines Redners, die den ganzen Raum durchdringt.

**Um kreativ zu sein, musst du deine Kanäle öffnen und die Welt mit deinem Geist berühren.**

Im Coaching „werfen" wir mit sogenannten „Energie-Kugeln", damit Klient:innen einen Eindruck gewinnen, was sie selbst dafür tun können, Dabei steht der Coach dem Klienten gegenüber. Er hilft der Klientin, sich mit einer positiven Intention zu verbinden, indem sie sich diese als eine „Energie-Kugel" in ihren Händen vorstellt. Dann übt sie „die Kugel zu werfen", um Menschen mit dieser Intention zu berühren. Dies vergrößert das Erlebnis, andere mit einer ungebrochenen, fließenden Bewegung zu berühren: Fühle die Intention; pack sie in eine Energie-Kugel; verbinde dich mit dem Coach; werfe die Energie-Kugel, während du die Intention aussprichst. „Bewerfe" den Coach damit, entspanne dich, finde deine Mitte wieder. Dabei ist leicht zu erkennen, wann die Person in einen „CRASH" gerät und wie sie COACH-Versionen der Intention auf unterschiedliche Weise verkörpern und ausweiten kann.

1. Coach und Klient:in stehen sich gegenüber: COACH State, Klient:in benennt das Ziel, platziert in einer „Energie-Kugel".

2. Klient:in wirft dem Coach (oder imaginären Anderen) die Intention als „Energie-Kugel" zu: Was ich am liebsten in der Welt erschaffen will, ist … *X!*

3. Nach dem Austausch zu Beginn, improvisieren Coach und Klient:in verschiedene Möglichkeiten, um andere mit ihrer Intention zu berühren.

4. Sie finden wieder ihre Mitte, blicken zurück und nehmen wahr, welche weitere Arbeit, Selbstverpflichtung oder Reorientierung notwendig sind.

Werfen wir einen Blick auf einen Ausschnitt der Sitzung mit Olivia.

Wie bei jeder Kontaktaufnahme beginnen wir in der Regel mit einem lockeren Gespräch zum Beziehungsaufbau. Dann bitten wir die Klient:innen, über das zu sprechen, was sie gern in der Sitzung erreichen wollen.

**Steve:** *Hallo, Olivia.*

**Olivia:** *Hallo, Steve.*

**Steve:** *Willkommen zu unserer Sitzung. Wie geht es dir heute?*

**Olivia:** *Sehr gut. Ich genieße den sonnigen Tag!*

**Steve:** *Ich auch. Es fühlt sich an, als würde es endlich Frühling werden.*

**Olivia:** *Ja.*

(Es folgen ein paar weitere Minuten Small Talk.)

**Steve:** *Lass uns nun ein wenig über die Arbeit sprechen, die du heute machen willst. Kannst du mir eine Sache nennen, die du gern heute hier für dich erreicht haben möchtest. Wenn es nur diese Sache gäbe, welche wäre das?*

**Olivia:** *Ich habe ein blödes Verhalten. Ich habe Angst, mich mit jemandem zu unterhalten. Und dann werde ich ganz nervös und spreche sehr schnell zu dieser Person… Ich möchte diesen Teil meiner Kommunikation gern verändern. Ich glaube, dass dies meine berufliche und persönliche Kompetenz verbessern würde.*

**Steve:** *Ja. Ich kann hören, sehen und fühlen, dass Du hier etwas sehr Bedeutendes berührst. Und ich möchte dich wirklich gern dabei unterstützen, wenn du daran arbeitest.*

**Olivia:** *Danke.*

**Steve:** *Wenn es einen Bereich gäbe, in dem das besonders wichtig ist… wobei wäre das? Etwas in deinem beruflichen Leben? Oder in deinem Privatleben?*

(**Beachte:** Normalerweise ist es sehr wichtig, die Intention mit einem konkreten Kontext zu verbinden, weil dadurch die kreative Vorstellungskraft aktiviert wird und sich die grundlegenden Dynamiken der Situation offenbaren.)

**Olivia:** *Es würde meine Beziehung zu meinem Ehemann betreffen…* (hält inne, hat Tränen in den Augen).

**Steve:** (nimmt seine Hände zur Brust): *Ja, wenn du das sagst, fühle ich, wie es auf ganz tiefe Art mein Herz berührt. Wo fühlst du es denn am meisten?*

**Olivia:** (berührt ihre Brust): Irgendwo hier …

**Steve:** (Atmet ein paar Momente leise und berührt sein Herz.) *Ja, ich fühle das. Großartig. Ich möchte diese Präsenz einfach zu unserer Unterhaltung willkommen heißen. Willkommen!* (Olivia nickt und berührt mit der Hand ihr Herz) *und wenn ich es richtig verstanden habe, sagst du, dass du deinen Mann sehr liebst und ihn gern unterstützen möchtest …* (Steve streckt seine Arme aus) *… aber wenn du das tust, passiert etwas Chaotisches …* (Steve macht chaotische, ängstliche Bewegungen) *… und es überwältigt dich. Habe ich das richtig verstanden?*

**Olivia:** *Ja, richtig Stephen, das stimmt genau.*

(Wie so oft: Während sich die Klientin mit ihrem Ziel verbindet, wird ein Hindernis aktiviert: *Ich will X, aber Y zeigt sich.* Dies ist eine gute Gelegenheit, sich dem COACH State zu öffnen, damit das Hindernis willkommen geheißen und in eine wesentliche Ressource transformiert werden kann.)

### Schritt 2: Einen COACH State entwickeln

**Steve:** *Nun gut, um dem ganzen Team Platz einzuräumen – deinem Ziel, deinem Hindernis und wer auch immer sich noch an der Unterhaltung beteiligen will – ist jetzt eine gute Zeit einen positiven COACH Raum zu eröffnen.*

Olivia: *Das klingt nach einer guten Idee.*

Steve: *Hast du eine gut funktionierende Art, mit der du dich mit einem positiven Zustand verbindest?*

Olivia: *Ja. Normalerweise ist es eine Atemübung. Ich atme langsam ein* (bringt beide Hände über ihren Kopf) *und dann atme ich aus und lasse alles los* (nimmt die Hände langsam runter und atmet aus).

Steve: (spiegelt die Handbewegung): *Großartig und wenn es okay ist, dann nehmen wir uns ein paar Minuten und du leitest mich durch den Prozess. Ich bleibe hier auf meiner eigenen Spur, doch lass uns sehen, wie wir beide diesen Prozess nutzen können, um einen positiven Zustand zu erreichen ...Kannst du uns durchführen?*

Olivia: (Nickt) *Atme ein ...* (sie wiederholt langsam die Handbewegung) *und hebe deine Arme hoch* (die Arme heben sich langsam)... *dann lass sie runter ...und lass los und atme aus* (Tiefes Ausatmen während die Arme sinken.) (Dies wird einige Male zum Wohle aller wiederholt.)

Steve: *Großartig. Danke. Und gibt es visuelle Bilder, die damit einhergehen ... von Orten in der Natur? Oder positive Bilder?*

Olivia: (Atmet mit geschlossenen Augen tief durch) *Es ist, als ginge ich zum Wasser runter, unter das Wasser, aber es ist sehr schön. Das Wasser ist sehr warm und ich kann ausruhen und mich vollständig ergeben. Ich kann unterstützt werden.*

Steve: *Fantastisch. Dann lass uns dies als unsere (Coach) Basis nehmen; fühlen, wie der Körper sich bewegt ... das warme Wasser fühlen, das dich unterstützt ... du kannst einsinken* (Dies wird etwas näher erläutert.)

*Und das ist immer unser erster Schritt. Wir schulden es uns selbst, dass wir uns die Zeit nehmen und uns mit Ressourcen verbinden, bevor wir an eine Herausforderung herantreten.*

*So fühlen wir: Ich bin sicher…Ich bin okay… das Wasser…die Schönheit der See spüren…und wann immer du merkst, dass du dich in einem blöden Zeug verfängst – die Sorgen, die Aufregung, das schnelle Sprechen. Das ist wahrscheinlich die wichtigste Sache, die du für dich selbst tun kannst. Nutze Stress als rote Flagge…als Signal… zurückzukehren… zu der See, dem Körper und der Atmung.*

*Es sieht so aus, als hättest du eine schöne positive Verbindung, richtig?*

**Olivia:** *Ja, sehr.*

**Steve:** *Großartig. Dann bleibe mit diesem Ort verbunden…in deinem Rhythmus, deiner Atmung, deinem Körper, deinem Geist…und mit dieser Verbindung. Öffne deine Augen und lass uns sehen, wie wir sie als Ressource nutzen können.*

**Olivia:** *Großartig. Danke.*

### Schritt 3: Generative Intention aussprechen

**Steve:** *Bitte. Lass uns also zu deinem Ziel zurückkommen und schauen, wie wir dazu die Verbindung vertiefen können. Während du mit deinem COACH State verbunden bleibst, spreche deine Intention in fünf Worten oder weniger aus und mach dazu eine Körperbewegung.*

**Olivia:** *Was ich am liebsten tun will, ist…meinen Mann zu unterstützen.* (Ihre Stimme verkrampft und die Schultern hängen herunter.)

**Steve:** (Sanft) *Ich kann sehen und fühlen, dass du deinen Ehemann wirklich unterstützen willst… und wenn du das tust, zeigt sich etwas in dir. Deine Schultern hängen und du siehst gestresst aus. Das ist interessant… Ich bin mir sicher, das macht Sinn. Und diesem Teil von dir sage ich… Willkommen!*

**Olivia:** (Lacht) *Ich fühle sofort, dass etwas hier,* (sie spannt die Schultern und Arme an) *stinksauer ist.*

**Steve:** *Ja. Ich hatte gerade das Bild eines achtjährigen Mädchens vor mir, sehr energisch, ganz allein – Ich weiß nicht, welche Bilder für dich zu dieser Emotion passen …*

**Olivia:** (Berührt die Kehle und den Brustraum.) *Nun … als ich in diesem Alter war, war meine Mutter als Ärztin immer sehr beschäftigt. Sie sah so überarbeitet und unglücklich aus. Ich wollte sie so gern unterstützen.* (**Beachte:** Dies ist Olivias Intention für ihre jetzige Familie.)

*Aber ich wusste nicht wie. Sie schien mich einfach zu ignorieren und ich war verwirrt und fing an, sehr schnell zu reden. Und dann wurde sie sauer auf mich und ging aus dem Raum.*

**Steve:** *Du meinst, wie …* (Steve verspannt sich und redet schneller): *„Ich will sie unterstützen, doch sie nehmen es nicht an. Ich versuche es noch stärker und spreche schneller.“* (Steve beschleunigt und fängt an herumzubabbeln.)

**Olivia:** *Ja. Genau. Genauso. Das ist genauso.*

**Steve:** (beruhigt sich und sagt sanft) *Ich sehe das. Ich fühle es. Ich heiße es willkommen und biete dieser achtjährigen Präsenz, die sich zeigt, wenn du deinen Mann unterstützen willst, meine Unterstützung an,*

(Olivia bricht in Tränen aus und Steve hilft  ihr, sich mit dem warmen unterstützenden Wasser“ ihres COACH State zu verbinden)

*Und ist es nicht großartig, dass etwas in dir aufwacht, wenn du versuchst, deine Familie mehr zu unterstützen, und sagt: Hey, ich auch!?*

**Olivia:** (nickt mit dem Kopf und berührt weiter sanft ihre Brust)

(**Beachte:** Noch einmal, Hindernisse werden oft aktiviert, wenn eine positive Intention ausgesprochen wird. Im Generativen Coaching sehen wir diese als Ressourcen an, die ein integraler Bestandteil der Lösung sind.)

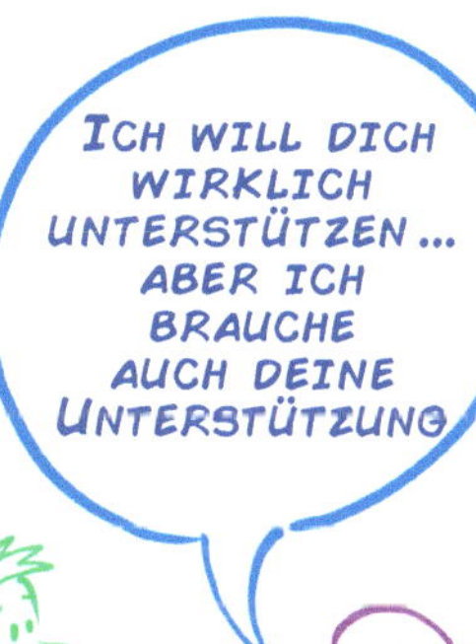

**Steve:** *Wenn ich es recht verstehe, ist es dir sehr wichtig, deinen Mann zu unterstützen.* (Macht eine Handbewegung nach außen) ... *Aber du lernst gerade, dass du, um das zu tun, erst einmal selbst Unterstützung für dich brauchst.*

**Olivia:** (ist ein paar Augenblicke still, nickt dann und sieht erleichtert aus)

**Steve:** *Gut zu wissen ... Warum probieren wir nicht die modifizierte Aussage: Ich will dich wirklich unterstützen ... aber ich brauche auch deine Unterstützung.*

**Olivia:** (Hält inne, nickt dann. Spricht die zweiteilige Intention langsam mehrere Male aus.) *Ja, das fühlt sich ganz anders an. So richtig ... Etwas beruhigt sich innen. Etwas wird langsamer. Das passt wirklich.*

**Steve:** *Großartig, gut das zu wissen.*

### Schritt 4: Durch somatische Modelle die Intention erweitern oder empfangen

**Steve:** *Lass uns mal sehen, wie du die Botschaft bei deinem Mann ins Spiel bringen kannst.*

**Olivia:** *Okay.*

**Steve:** (Steht Olivia gegenüber. *Ich möchte dich ganz vorsichtig durch eine einfache Sequenz coachen.* (Jede der folgenden Aussagen wird mit **Rhythmus, Resonanz und Wiederholung** ausgesprochen.) *COACH State ...* (Olivia atmet und öffnet ihre Arme.) *Verbinde dich mit der Intention: Ich will dich unterstützen ... und ich brauche deine Unterstützung.* (Eine Hand berührt ihr Herz, die andere streckt sie aus.) *COACH State, um diese Intention zu halten ...*

*Nun lass uns eine somatische Bewegung finden, die zu jeder Seite passt. Wenn du sagst: ich will dich unterstützen, lass dir ein Bild einfallen, das diese Intention wie eine Energiekugel hält.* (Steve modelliert) *und dann, wenn du diese Worte sagst: ... Ich will dich unterstützen ... wirfst du eine Energiekugel zu mir.* (Steve modelliert)

*Ich werde deinen Mann repräsentieren ... wirf mir eine Energiekugel zu ... spritz ihn voll ... berühr ihn ... Ich will dich UNTERSTÜTZEN ...(Wirft wie ein unschuldiges Kind, mit unbekümmerter Hemmungslosigkeit.)*

*Okay, nun versuchst du es ...*

(Olivia wird nun darin gecoacht, wie sie die Energiekugel ihrer Intention wie ein verspieltes Kind werfen kann, ohne sich zurückzuhalten. Wie bei den meisten Klienten braucht dies ein paar Minuten Coaching, besonders wenn es darum geht, sich wie ein spielendes Kind mit der kindlichen Energie zu bewegen. Olivia macht das ein paar Mal, fällt dann jedoch in einen CRASH Zustand.)

**Steve:** *Großartig. Halten wir inne. Hör auf deinen Körper, höre, welche innere Wahrheit er dir erzählt ... Ist es nicht prima, wenn du bemerkst, dass sich etwas in dir sich zeigt, wenn du andere unterstützen willst, und sagt: Was ist mit mir? Hat jemand Unterstützung gesagt? Ich könnte auch etwas Unterstützung gebrauchen!* (Dies wird ganz vorsichtig durchgeführt, um den Teil als eine integrale Ressource und Mitwirkender einzuladen, der sonst das ganze System blockiert.)

*Lass uns nun das Feedback deines Körpers nutzen, um auf die andere Seite zu wechseln. Dieses tiefe innere Bedürfnis sagt: Und ich brauche dich, um mich zu unterstützen. Mach dafür eine Bewegung. Sende die Botschaft (als somatisches Modell), Und zeige das Bedürfnis (somatisches Modell für etwas zurückbekommen.) Biete Unterstützung ... fordere Unterstützung. Ich gebe sie dir ... Ich brauche sie von dir.*

(Während Olivia diese Körperbewegungen macht, als werfe und empfange sie Energiekugeln, passiert eine tiefgreifende Veränderung. Eine wunderschöne Kind/Frau-Schönheit erscheint, es fühlt sich an, als fülle sie den Raum.)

**Steve:** *Das ist es. Hier ist es. Du bist da … Fühle die Vollkommenheit …von Geben und Nehmen … Das ist es. Spüre nach, wie es ist, die Balance zu finden. Du kannst anderen nur etwas authentisch geben, wenn du dafür etwas in ausgewogenem Maße zurückbekommst.*

**Olivia:** *Wow, das ist eine tiefe Veränderung. Die Dinge fühlen sich offen an. Alles. Wenn ich jetzt an die Situationen denke, lösen sie nicht mehr diese Selbstvorwürfe aus. Ich kann die Spannungen und Ängste spüren … und die totale Erschöpfung, die ich den ganzen Tag spüre, löst sich, wenn ich darum bitte, unterstützt zu werden.*

**Steve:** *Das ist es. Genau so. Gut für dich. Das war's.*

So geht es noch 8-10 Minuten weiter, wobei Olivia all die verschiedenen Teile in sich spürt, die geehrt und integriert werden müssen, damit sie anderen auf authentische Weise Unterstützung geben kann.

Damit wir mit unserer positiven Intention Erfolg haben, müssen wir sie kongruent verkörpern, dann ausschmücken und sie in die Welt bringen. Auf diesem Weg stoßen wir auf viele Hindernisse, die uns zurückhalten. Im Generativen Coaching betrachten wir sie als Ressourcen, die wir für kreative Ganzheitlichkeit brauchen. Übungen wie das „Werfen von Energiebällen" machen Spaß und zeigen, wie wir Menschen coachen können, sich in einem ununterbrochenen Kreis der Verbundenheit mit der Welt zu entfalten.

# Die Intention ausschmücken "Energie-Kugeln"

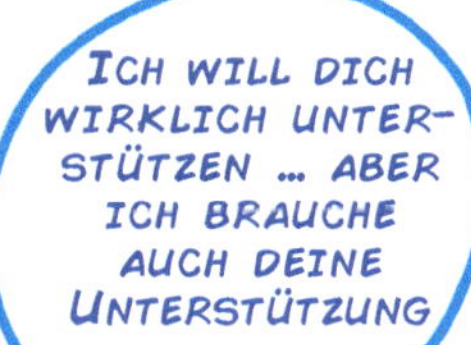

ANERKENNE HINDERNISSE, WANN IMMER SIE AUFTAUCHEN.

SCHRITT 3: GENERATIVE ERKLÄRUNG DER INTENTION

SCHRITT 4: ERWEITERE UND EMPFANGE DEINE INTENTION MIT SOMATISCHEN MODELLEN (ENERGIE-KUGELN)

# Zweite Methode: Die Intention mit Zärtlichkeit, Wildheit oder mit Verspieltheit ausdrücken

Es gibt einen zweiten Teil, den wir hier kurz ansprechen wollen. (Im nächsten Kapitel untersuchen wir das ausführlicher.) Es handelt sich um *die drei archetypischen Energien:* Zärtlichkeit, Wildheit, und Verspieltheit. Ein menschliches Muster, das sich über viele Generationen entwickelt hat, um mit zentralen Herausforderungen umzugehen.

Manchmal müssen wir sanft, friedvoll und gutherzig sein. Dies ist das archetypische Muster der *Zärtlichkeit. Wer ist für dich ein Vorbild für jemanden mit inniger, machtvoller Zärtlichkeit?*

Das Gegenteil ist *Wildheit*: Wir müssen auch hart, engagiert, belastbar und resilient sein, gut Grenzen setzen können und ein guter Lügendetektor sein. *Wer ist für dich ein positives Beispiel für Wildheit?*

Wir brauchen genauso *Verspieltheit*. Das Leben ist viel zu ernst, um keinen guten Humor zu haben. In den Verbindungen müssen wir Funken und ein „Irisches Zwinkern" versprühen. Wer repräsentiert für dich *Verspieltheit?*

**Wer könnte dein Vorbild für Zärtlichkeit, Wildheit oder Verspieltheit sein?**

### *Prototyp zum Ausschmücken der Intention*

1. Improvisiere weiter, „Energiekugeln zu werfen", um andere mit deiner generativen Intention zu berühren.

2. Nutze somatische Modelle/Energien positiver Wildheit, Verspieltheit, und Zärtlichkeit.

3. Spüre die besten Verbindungen. Mache Notizen und gib dir ein Versprechen.

Denke an eine kreative oder inspirierende Person und du wirst sehen, dass sie alle drei Energien integriert hat. Dazu mehr im nächsten Kapitel. Nun, wollen wir schauen, wie die archetypischen Energien den Ausdruck der Intention vertiefen können.

**Steve:** *Also, Olivia, ich möchte einen weiteren Teil zu dieser Arbeit hinzufügen. Es geht um die Energie, die du verkörperst, wenn du deine Intention umsetzt. Manchmal müssen wir zunächst* **Zärtlichkeit** *für uns selbst aufbringen und von da aus vielleicht für andere. Zu anderen Zeiten brauchen wir wirklich* **positive Wildheit**: *wir müssen andere Menschen wissen lassen, dass wir es ernst meinen. Wir stehen für uns ein, indem wir unser positives Feuer in die Verbindung einbringen und dann zu anderen, Wir müssen in der Lage sein, weder zu verbissen noch zu verkrampft zu wirken … sondern zu zwinkern und zu funkeln.*

*Ich möchte dich bitten, deine Beziehung zu deinem Mann und dazu, was du versuchst zu schaffen, zu reflektieren … und ich frage mich, welche dieser Energien –Zärtlichkeit, Wildheit, Verspieltheit–ist deiner Meinung nach dein schwächstes Glied?*

**Olivia:** *Wildheit. Ich glaube, ich habe Angst davor. Sie verzehrte meine Mutter, deshalb versuchte ich mich davon fernzuhalten.*

**Steve:** *Das macht Sinn. Wenn du also an Wildheit denkst, spürst du gleich die CRASH Version der Wut deiner Mutter …*

**Olivia:** *Ja …*

**Steve:** *Und erinnerst du dich daran, dass du dir ein Versprechen gegeben hast, niemals so zu werden wie deine Mutter? (Zwinkert.)*

**Olivia:** *Ja, das tat ich.*

**Steve:** *(Lacht und nickt) Es ist weniger, weil ich Psychiater bin, sondern weil ich entdeckt habe, dass fast jeder von uns sich verspricht, nie so zu werden wie unsere Eltern. Ich habe das ganz sicher getan (Steve und Olivia lachen )*

*Nun weißt du, die negativen Versprechen, die wir uns in der ersten Lebenshälfte geben, müssen wir für gewöhnlich in der zweiten brechen. Es hört sich so an, als müsstest du das Versprechen, der Wildheit fernzubleiben, brechen. (Pause) Ohne ihr kannst du nie um das bitten, was du brauchst, und dich nicht selbst lieben. So ist es unmöglich, andere authentisch zu lieben …*

**Olivia:** (Nickt.) *Ja, ich glaube, da du liegst richtig.*

**Steve:** *Ich will betonen, das es negative und positive Versionen jeder dieser Energien gibt. Es hört sich so an, als hättest du an der negativen Version der Wildheit während deiner Kindheit gelitten … Ich habe das auch getan. Aber nun müssen wir die positive Version kennenlernen, damit wir sie integrieren und ganz werden können. Ich frage mich… wenn du für einen Moment durchatmest und deine Augen schließt… und dir einfach ein Bild für positive Wildheit einfallen lässt… Beobachte einfach, was auftaucht.*

**Olivia:** (Lacht) *Komisch …  aber ich hatte das Bild eines japanischen Sumoringers* (Lacht). *Ich weiß nicht warum. Daran bin ich normalerweise nicht interessiert, aber das tauchte auf.*

**Steve:** *Ist das nicht interessant? Lass uns also den Sumoringer willkommen heißen. Ich bin sicher, dass er hier ist, um deinen Prozess zu unterstützen.* (Beide lachen.) *Sollen wir ein Experiment ausprobieren?* (Steve gibt etwas vor und Olivia folgt.) *Lass uns in das somatische Modell eines Sumoringers gehen.* (Er stampft mit jedem Fuß auf, geht in die Hocke, legt die Hände auf die Knie, macht Geräusche und sieht grimmig, aber spielerisch aus.)

**Olivia:** *Um Gottes Willen…* (lacht hysterisch.)

**Steve:** *Komm, mach mit.* (Steve und Olivia bilden somatische Modelle eines Sumoringers, beide lachen, obwohl sie wild sind.) *Und versuch dies: Ein Fuß stampft auf… der andere Fuß stampft auf… Ich brauche deine Unterstützung!* (Mit wildem, verletzlichem Ausdruck) *Ich brauche deine Unterstützung! Verdammt noch mal. Ich brauche deine Unterstützung.*

**Olivia:** (fängt langsam an, bewegt sich durch Wut, Verletzlichkeit, Gelächter) *Ich brauche deine Unterstützung.* (Fügt ein paar weitere Aussagen hinzu.)

**Steve:** *Nun lass uns wechseln.* (Streckt Arme und Handflächen aus) *Und ich will dich unterstützen.*

Nimmt eine sanfte Haltung ein, die Augen zärtlich, aber klar.)

*Nun probier es selbst aus …*

**Olivia:** (geht langsam in die Sumo-Haltung … schaut zur Seite … wiederholt die Bewegung langsamer mit wippenden Knien, streckt eine Hand aus, schaut ernst): *Ich bin hier, um dich zu unterstützen!* (Streckt die andere Hand aus) *und ich brauche auch deine Unterstützung.*

**Bemerkung:** Besonders gut ist es, wenn die Klienten anfangen, mit ihren eigenen Bewegungen zu improvisieren. Dadurch finden sie ihre eigene Verbindung zu ihrer kreativen Kraft.

**Steve:** *Gut.*

**Olivia:** *Ist das wild genug?* (Verbeugt sich wie ein japanischer Schwertkämpfer, lächelt, lacht.)

**Steve:** *Ich habe es gespürt. Du hast wirklich meine Aufmerksamkeit. Ich habe zugehört, und es war wie: „Wow, okay!"*

**Olivia:** *Das ist interessant, Stephen, weil ich in solchen Situationen dachte, dass ich sehr wild sei. Aber jetzt bin ich mir bewusst, dass das nicht Wildheit, sondern Schwäche ist. Es drückt sich einfach so aus:* (Winkt mit den Armen, macht eine entschlossene Handbewegung).

**Steve:** *Ich höre dich. T. S. Eliot nannte es „die Ohnmacht des Zorns."*

**Olivia:** *Wahrscheinlich denken die Leute, ich sei böse, aber es fühlt sich emotional anders an.*

**Steve:** *Es ist der Unterschied zu der sogenannten CRASH Version der Wildheit, welche einfach nur destruktiv die Leute beschuldigt, aber es ist Hilflosigkeit … Positive Wildheit bedeutet: „Sieh mich. Sorg dich um mich. Unterstütz mich." Das nennen wir die COACH Version.* (Olivia nickt und atmet durch.)

*Fantastisch. Okay, wollen wir hier enden? Du hast wundervolle Arbeit geleistet*

**Olivia:** *Ja, es ist gut jetzt aufzuhören.*
*Vielen Dank.*

# Ausdrucksstarke Intention

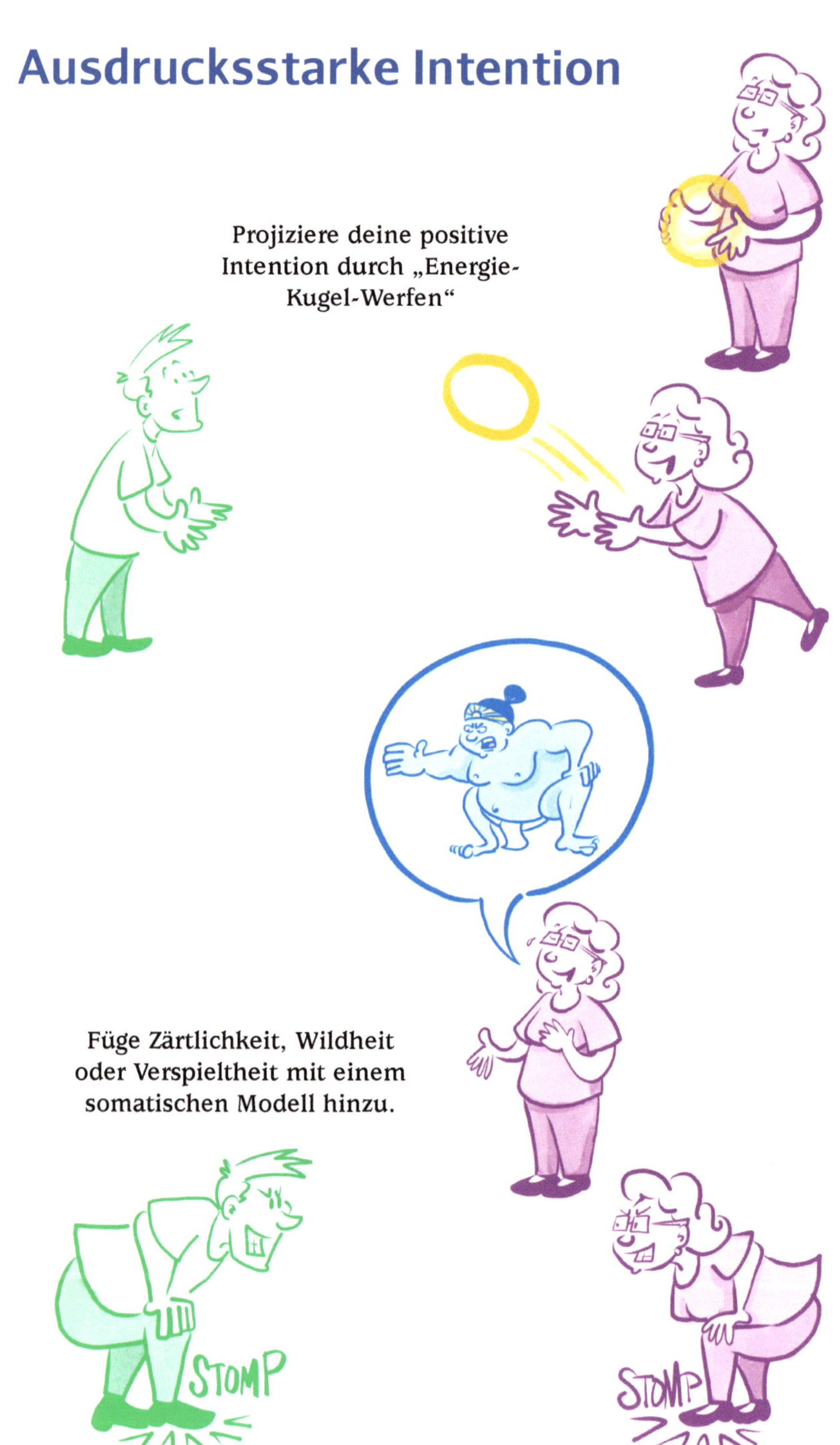

Projiziere deine positive
Intention durch „Energie-
Kugel-Werfen"

Füge Zärtlichkeit, Wildheit
oder Verspieltheit mit einem
somatischen Modell hinzu.

# Zusammenfassung

> *It don't mean a thing, if it ain't got that swing,*
> *Es bedeutet nichts, wenn es nicht diesen Schwung hat*
>
> —Duke Ellington

> *Here I am in my middle way, having wholly lost my way.*
> *Hier bin ich auf halbem Weg, nachdem ich mich komplett verirrt habe.*
>
> —Dante

> *Between the desire and the spasm, falls the shadow.*
> *Zwischen Sehnsucht und Krampf fällt der Schatten.*
>
> —T. S. Eliot

**Lass deinen kreativen Geist die Welt
mit deiner positiven Intention berühren.**

Unseren Klienten fehlen nicht die Intelligenz, Motivation oder Ressourcen. Sie kommen zu uns, weil sie sich im Laufe des Lebens, in das *Samsara* der Trennung verstrickt haben. Unser Job ist, ihnen zu helfen, sich wieder mit dem „Netz des Gesamtkomplexes", wie Gregory Bateson es nannte, zu verbinden. Die aktuelle Kognitionswissenschaft versteht Denken, nicht nur als verbale Gedanken in unserem Kopf, sondern als Ideen, die *embodied-verkörpert, embedded-eingebettet, expressive ausdrucksstark,* und *enactive-inszeniert* werden. Wir haben in diesem Kapitel gesehen, wie sich die generative Intention positiv damit verbinden muss. Möge das Ego zu der Verbundenheit allen Lebens zurückkehren.

Letzte Nacht als ich schlief
da träumte ich ~ wunderbarer Irrtum! ~
dass eine Quelle aus meinem Herzen
entsprungen ist.
Ich sagte: Aus welchem geheimen Aquädukt
kommst du, oh Wasser, zu mir,
Wasser eines neuen Lebens,
das ich nie zuvor getrunken habe?
—Antonio Machado

# Kapitel 4

# Schritt 3 – Einen Generativen Zustand etablieren

Träume zu verwirklichen, ist eine große Herausforderung, deshalb müssen wir wissen, wie man einen nachhaltigen COACH State entwickelt. Dies ist eine Art „Hochleistungszustand", der sogenannte „Performance State". mit allgemeinen Eigenschaften, die sich je nach Kontext unterschiedlich ausrichten. Dein bester Zustand für Geschäftsverhandlungen ist hoffentlich ein anderer als dein Zustand, wenn du einen romantischen Abend mit deinem Schatz genießt. Dein Zustand, wenn du bei deinen Kindern bist, unterscheidet sich hoffentlich von dem, wenn du Kampfkunst ausübst. (Deshalb gibt es Traditionen, in denen Krieger, die im Kampf waren, ein langes Ritual durchlaufen mussten, bevor sie wieder zur Gemeinschaft zurückkehren konnten.)

Im ersten GC Band, haben wir die *drei positiven Verbindungen* als Prototyp zur Entwicklung dieses generativen Leistungszustands kennengelernt.

1. Somatisches Zentrieren

2. Positive Intention

3. Ressourcen

Hier wollen wir zwei ergänzende Methoden hinzufügen. Die erste nutzt die *archetypischen Energien: Zärtlichkeit, Wildheit* und *Verspieltheit, die wir im letzten* Kapitel zu entdecken begonnen haben. Die zweite Methode nennen wir die *Gemeinschaft der Ressourcen*, wobei du dein Unterstützerteam identifizierst und es so einsetzt, dass es deine kreative Reise bestens unterstützt. Wir stimmen wirklich mit dem „inneren Kritiker" überein, der dir sagt:

*Du bist nicht genug.*

Aber dann ergänzen wir:

*Weil du nur so gut bist wie dein Unterstützerteam.*

# Erste Technik: Die Archetypische Energien einsetzen: Zärtlichkeit, Wildheit und Verspieltheit

Im letzten Kapitel haben wir gesehen, dass das Quantenfeld des kreativen Unbewussten das kollektive Narrativ der Menschheitsgeschichte enthält (und darüber hinausgeht); aus unzähligen Erfahrungen, wie auf universelle Herausforderungen des Lebens reagiert wurde, bildeten sich *archetypische Tiefenstrukturen*, die in einer Person aktiviert werden, sobald sie nach neuen kreativen Antworten sucht. *Sie sind die zentralen notwendigen Ressourcen für kreative Entwicklung.* Jeder Archetyp enthält 10.000 mögliche Gesichter; deren aktuelle Form und deren angenommener Wert hängen von der Beziehung ab, die Menschen zu ihnen haben. Archetypische Muster, die durch COACH Filter gelangen, werden zu positiven Ressourcen; wenn sie CRASH Zuständen gefangen bleiben, erscheinen sie in negativen Formen.

Hier fokussieren wir uns auf den Einsatz somatischer Modelle für die positiven Formen von Zärtlichkeit, Wildheit und Verspieltheit. Im fünften Schritt konzentrieren wir uns auf „negative" Gefühle als CRASH Versionen einer archetypischen Ressource, die dann in essenzielle positive Ressourcen transformiert werden.

Damit du ein Gefühl bekommst, wie positive archetypische Energien eingesetzt werden, erkunden wir nun den vierten Schritt in einer Sitzung mit einem lateinamerikanischen Klienten namens Dan. Er ist ein schöner Mann, der Kurse für berufliche und Persönlichkeitsentwicklung gibt, außerdem ist er ein außergewöhnlicher Musiker und Poet.

### *Schritt 1: Das COACH Feld eröffnen*

Dan und ich stehen uns gegenüber, wir nehmen Kontakt auf und tauschen Höflichkeiten aus: Dann schlage ich vor, dass wir mit der Öffnung eines positiven Raumes beginnen. Ich gebe einige allgemeine Suggestionen und frage ihn dann, was er hinzufügen möchte.

Da er Erfahrung mit der Entwicklung eines Coach Feldes hat, führt er uns einige Minuten durch Atmen und somatische Bewegungen. Als er seine Hände auf sein Bauchzentrum legt, nehme ich es als Hinweis und wechsle zum nächsten Schritt.

## Schritt 2: Die positive Intention festlegen

Ich coache ihn, damit er mit seinem Zentrum verbunden bleiben kann, und bitte ihn, seine positive Intention/Ziel für diese Sitzung festzulegen. Nach fünf Minuten kann er im zweiten Schritt seine wohldefinierte Intention ausdrücken:

*Ich will ein zertifiziertes Jahresprogramm für Coaches entwickeln.*

Als er das sagt, sehe ich, wie sich Spannungen in seinen Schultern entwickeln, und kommentiere es. Darüber lacht er und sagt, dass es ihm schwerfällt, so kühn über seine Träume zu sprechen. Ich spreche sanft mein Beileid aus und, da der CRASH ziemlich heftig zu sein scheint, schlage ich vor, dass wir vielleicht einfach einen kleinen Tanz und ein Lied der Wiederannäherung üben. Wir machen das spielerisch, und es scheint den CRASH zu lösen.

Dann beschrieb ich das Bild, das ich von ihm hatte, wie er einen kleinen schüchternen Jungen auf seinen Schultern willkommen heißt und ihn einlädt, „mit auf die Reise zu kommen". Er ist deshalb sehr berührt und es scheint, ein gutes Reframing für die Spannung in seinen Schultern zu sein (wie ein Kind, das Anbindung braucht).

Auf meine Frage, wie wichtig das Ziel ist, antwortet er: *Sehr wichtig … 9,5.* Nun sind wir bereit, einen COACH State zu entwickeln, in dem er erfolgreich seinen kreativen Weg beschreiten kann

In diesem Schritt stimmen wir uns auf jede archetypische Energie ein: Zärtlichkeit, positive Wildheit und Verspieltheit. Der Klient wird eingeladen, für jede Energie drei verschiedene somatische Modelle zu entwickeln. Für Alles nur einen einzigen Plan zu haben, ist ein Rezept für Starrheit, deshalb wollen wir, dass die Klienten sich einfühlen und kreativ durch viele Landkarten bewegen. Diese Bewegung hält sie in einer kreativen Offenheit und erlaubt ihnen, herauszufinden, welches Modell in einem bestimmten Moment am besten unterstützt.

## A. Somatische Modelle der Zärtlichkeit

Ich frage Dan, mit welcher der drei Energien seiner Meinung nach begonnen werden soll.

**Dan:** *Nun, als du eben über Zärtlichkeit gesprochen hast, ist etwas in mir total in Resonanz gegangen – ich sollte zärtlicher mit mir selbst umgehen. Zu anderen bin ich super sanft, aber ich bin mir nicht sicher, ob ich sanft genug zu mir selbst bin.*

Ich lud ihn ein, sich zu entspannen und seinen Körper zu bewegen, um das erste somatische Modell für Zärtlichkeit zu finden. Er bildete ein somatisches Modell mit seinem Oberkörper und langsam bewegenden Armen.

(Bei diesem Prozess finden wir die somatischen Modelle, indem wir die Klienten bitten, sich zu entspannen und ihre Körper diese kreieren zu lassen. Eine andere Möglichkeit ist, die Klienten zu fragen, welche Vorbilder oder Repräsentanten ihnen zu dieser archetypischen Energie einfallen. Dann bitten wir sie, in das somatische Modell dieser Person einzutreten. Bei beiden Methoden werden die Klienten gecoacht, sich zu entspannen und die Antwort von innen heraus kommen zu lassen, ohne Zwang oder bewusste Anstrengung. Dieses „Einfach Geschehenlassen" ist ganz entscheidend für das kreative Bewusstsein.)

Danach modellierte ich spielerisch ein kleines Kind, das sagte: *Das war toll! Mach das noch mal,"* um ihn einzuladen, ein zweites somatisches Modell für Zärtlichkeit zu finden. Dan bildete ein somatisches Modell, als wenn er ein Baby in seinen Armen

wiegt. Ich spiegelte die Bewegung und begann zu summen und ein Schlaflied zu singen. Das schien den Prozess zu vertiefen, denn Dan modellierte, wie er den Babykopf liebkoste.

Ich bat ihn, zu seiner Intention, ein eigenes Trainingsprogramm aufzubauen, zurückzukehren, um bei irgendeiner gefühlten CRASH Reaktion den „CRASH zu wiegen", indem ich sanft sagte: *„Komm zu Papa"*. Dan erzählte, wie ihm dabei klar wurde, dass er selbst immer als erster Zärtlichkeit empfangen sollte, und wie er den kleinen Säugling „Dan" als Teil seines kreativen Prozesses empfand.

Ich bat ihn, sich zu zentrieren, das somatische Modell und seine Lehren zu beachten und das dritte somatische Modell für Zärtlichkeit zu finden. Er schien etwas zu sehr in seinem Kopf zu sein, deshalb ermutigte ich ihn, sich einfach etwas tiefer fallen zu lassen, damit seine somatische Weisheit ihn überraschen konnte. Seine explorierenden Bewegungen endeten bei einer Art langsamem „Hawaiianischem Hula" Tanz, den wir eine Zeit ausarbeiten.

**Dan:** *Das war interessant – zuerst, als diese Bewegung kam* (Arme ausstrecken und hereinholen), *war es, als würde ich eine Wiege aus Holz schaukeln, aber dann wurde ich zum Meer und ich war wie Wellen, die den Sand erreichen und dann zum Ozean zurückkehren.*

**Steve:** *Ja. Fantastisch.*

**Dan:** *Ich streichel einfach den Sand mit meinen Händen.* (Breitet die Arme aus, Handflächen nach unten)

**Steve:** *Ja, von hier drüben hatte ich das Gefühl, dass dies dir hilft, mit anderen mehr in Kontakt zu kommen. – Ich weiß nicht, ob das stimmt.*

**Dan:** (Nickt): *Ja.* (Wiederholt die Bewegungen) *Ja, ich mag das, besonders der Ozean zu sein und über den Sand zu gleiten.*

**Steve:** *Ja. Das erinnert mich an die hawaiianischen Hula-Tänze.* (Lächelt, beide grinsen und versuchen einen hawaiianischen Tanzstil aufzuführen, sie lachen) *Also merk dir, dass dies drei von zehntausend Möglichkeiten sind. Wenn du sagst: „Okay, ich muss mehr Zärtlichkeit einbringen", dann weißt du nicht genau, wie das aussehen wird.* (Dan nickt.) *Wenn du es untersuchst, stellst du schnell fest, dass es in etwa so sein könnte* (ausstrecken und hereinholen) … *oder vielleicht etwas wie* (in den Armen wiegen) … *oder vielleicht wie der hawaiianische Hula, der über den Sand gleitet.* (Beide bewegen sich mit gleitenden Bewegungen sanft und spielerisch.)

Dies ist ein Beispiel dafür, wie ein somatisches Modell entwickelt werden kann. Am besten ist es, wenn aus dem inneren somatischen Bewusstsein entsteht. Deshalb coachst du den Klienten so, dass er oder sie in den *Rhythmus,* die *Resonanz* und die *Wiederholung* kommt, damit aus dem Innen heraus neue Antworten entstehen. Außerdem ist es gut, wenn vielfältige Modelle entstehen, so kann die Person lernen, dass sie keine festen Gesten braucht, sondern dass sie immer wieder das beste Modell für eine bestimmte Situation findet. Die Fähigkeit, den Leistungszustand im Einklang mit den einzigartigen Mustern des gegenwärtigen Augenblicks fließend zu verändern, ist das Kennzeichen eines Meisters

## B. Somatische Modelle für Positive Wildheit

Danach werden in ähnlicher Weise die somatischen Modelle der beiden anderen archetypischen Energien entwickelt. Da Dan sich ein wenig von seiner eigenen positiven Wildheit entfernt fühlte, schlug ich ihm vor, zunächst ein Beispiel für positive Wildheit in der Außenwelt zu finden und es dann darzustellen. Er berichtete von zwei Bildern: eines von Gandhi (mit ausgestreckter rechter Hand, kämpferisch, aber zentriert), das andere von einem riesigen Wasserfall in Brasilien. (Er hebt die Hände über den Kopf und macht die Bewegung eines Wasserfalls.)

**Steve:** *Wow, ich fühle beides. Also zentriere dich und werde dir bewusst: Um diesen Traum zu verwirklichen, muss ich mich mit der positiven Wildheit verbinden. Lass deinen Körper den COACH State finden … lege die Intention fest … und trete in ein somatisches Modell für positive Wildheit ein. Es könnte der Wasserfall sein oder Ghandi oder es könnte …*

**Dan:** (Beginnt mit dem somatischen Modell eines Wasserfalls.) *Es gibt auch ein Geräusch.*

**Steve:** *Ja, Ja. Sehr gut.* (Dan wiederholt die Bewegung.) *Versichere dich, dass das Geräusch in deinem Bauch ankommt.* (Dan wiederholt die Bewegung.) *Lass die Hüften fallen, Dan. Entspanne die Schultern. Sei der Wasserfall. Lass die Hüften fallen,* (wiederholt es mehrere Male). *Lass das Feuer, die Wildheit, tiefer sinken.* (Dan bewegt seine Hüften, seine Arme strecken sich aus den Hüften. Etwas verändert sich, eine intensivere, erdigere Energie erscheint).)

*Das ist es! Ganz genau! Was immer du dort berührst, das ist es!.*

**Dan:** (Streckt die Arme über seinem Kopf aus.) *Das ist interessant ~ als ich meine Hüften fallen ließ wurde die Welt zu Feuer. Ein wunderbares Feuer. Feuer! Wie ein Vulkan.*

Beachte, dass ein drittes somatisches Modell für positive Wildheit als Vulkan spontan entsteht, als Dan seine Mitte tiefer senkt. In traditionellen Kulturen gibt es ein Sprichwort: Ein Junge wird zum Mann, und ein Mädchen wird zur Frau, wenn die Hüften fallen. Die meisten von uns Modernen leben „oben im Kopf" mit neuromuskulärer Blockade, abgekoppelt von den tieferen archetypischen Energien, die „da unten" leben. Wenn du eine Person coachst, ihr Zentrum und ihre Hüften fallen zu lassen, wirst du oft diese kraftvolle Veränderung in eine reife, erwachsene (und uralte) Präsenz sehen und fühlen.

Nun hat Dan drei somatische Modelle für positive Wildheit: Gandhi, den Wasserfall und den Vulkan. *Für einen generativen Zustand braucht man vielfältige Landkarten.* In dieser Sitzung erkundeten wir das „Feuer im Bauch" als eine positive Ressource auf seiner Reise. Er sprach über seine misshandelnde und gewalttätige Familie, in der er „sehr unzentrierte Formen" der Wildheit kennengelernt hatte. Am Ende der Sitzung schilderte er seine wichtigste Erkenntnis: Er musste positive Wildheit entwickeln.

**Positive Wildheit**

## C. Somatische Modelle für Verspieltheit

Natürlich ist Wildheit nicht genug. Wir brauchen auch die Verspieltheit. Wir wollen das Leben genießen, die Leute erleichtern und nicht in eine lähmende Ernsthaftigkeit verfallen. Interessanterweise fällt die Verspieltheit dem Trauma am häufigsten zum Opfer. Wir müssen uns mit ihr verbinden, um generativ zu sein.

Dan ist ein ganz schön verspielter Kerl; deshalb stellte ich mir vor, welche interessante Herausforderung es wäre, die Verspieltheit in die Wildheit zu integrieren. Wir kehrten zum COACH State zurück und untersuchten die Verspieltheit:

**Steve:** *Und dann haben wir natürlich noch unsere dritte, universelle Energie: die Verspieltheit* (öffnet die Hände, die Augen funkeln, der Körper tanzt subtil) *– die du ziemlich gut beherrschst.* (Dan lacht, nickt und lächelt.) *Bitten wir also die kreativen Geister, uns zu helfen, die vielen somatischen Modelle der Verspieltheit zu finden* ... (Steve und Dan beginnen, eine salsaähnliche Tanzbewegung zu finden, mit Bewegungen und Klängen.) *Okay, Bruder Dan, zeige mir ein somatisches Modell der Verspieltheit ...*

**Dan:** (Beginnt seine Hüften seitwärts zu bewegen wie bei einem schnellen argentinischen tangoartigen Tanz …)

**Steve:** *Hier hast du's, Bruder … Olé! Olé! Olé! Und während du zu diesem spielerischen Tanz wirst … fühle, was du in die Welt bringen willst. Der Lehrer, der du werden willst … die Programme, die du entwickeln willst … und lass somatische Modelle der Verspieltheit als besonders gute Ressourcen in diesen Prozess einfließen. Olé! Olé! Olé!*

*Und lass die Energie ein wenig abfallen … die Mitte finden … und jetzt lass uns zusätzliche somatische Modelle für Verspieltheit finden. Spüre den Rhythmus … den Beat … Lass dich auf einen Prozess ein, in dem du deinen Traum aussprichst und eine somatische Bewegung der Verspieltheit hinzufügst …* (Steve modelliert den Prozess:) *Ich möchte dieses Zertifizierungsprogramm erstellen …* (Spricht und bewegt sich wie ein junger „Pfau") *… und ein Modell der Verspieltheit, das ich einbringen kann, ist dieses* (macht eine große somatische Bewegung) …

Der melodische Beat und die Tanzbewegungen werden weiter fortgesetzt, während Dan eine Bewegung (kindliches Auf- und Abspringen) nach der anderen (Schritte nach vorne, um Steve spielerisch zu kitzeln) zeigt und dann noch eine dritte (Heulen wie ein Wolf). Er sieht gut aus und fühlt sich gut.

**Verspieltheit**

## Schritt 4: Die archetypischen Ressourcen kreativ nutzen

Sobald die positiven somatischen Modelle entwickelt sind, lautet die Frage, wie wir sie produktiv zum Einsatz bringen.

**Steve:** *Ja genau. Und lass uns nun zurück in unsere Mitte kommen.* (Steve und Dan machen es gleichzeitig.) *Als ersten Schritt kommen wir zurück zu diesem ruhigen, stillen Punkt … eine offene Präsenz … klar … reines Bewusstsein … finde deinen COACH State, der tiefgreifender ist als jede Leistung … tiefer als alles andere …*

*Dann fügen wir den zweiten Schritt hinzu: Hier bin ich … und von hier aus, verbinde ich mich jeden Tag mit meiner Intention … fühle die Bereitschaft, jeden Tag dem Pfad meiner Intention zu folgen … und dafür somatische Modelle zu finden.*

*Dann noch der dritte Schritt, um sich mit den Ressourcen zu verbinden. Finde die Verbindung zu Zärtlichkeit, Wildheit und Verspieltheit. Starte mit Zärtlichkeit … beginne immer mit der Zärtlichkeit zu dir selbst … bewege dich durch verschiedene somatische Modelle für Zärtlichkeit, um das beste für deine aktuelle Herausforderung zu finden.* (Dan beginnt mit der Meeresbewegung, dann umarmt er sich selbst und „wiegt den kleinen Jungen im Arm".)

*Und nun schließe die positive Wildheit an. Finde und fühle die somatischen Modelle: Gandhi… der Wasserfall … das Feuer des Vulkans.* (Dan begibt sich in das Modell des „Vulkan-Feuers".) *… Lebe die Wahrheit: Ich bin nicht nur ein netter, süßer Junge … Nimm mich ernst …* (Dan wiederholt die Feuerbewegung.) *Lass die Wildheit Teil deines innersten Selbst werden.* (Während dies ausgearbeitet wird, nimmt Dan die Kriegerhaltung ein, beide Hände und Arme sind kämpferisch ausgestreckt.) *Alle Tyrannen … all die Menschen, die dich verletzt haben … all die Menschen, die dich nicht respektieren und versuchen, dich zu benutzen … begegne ihnen mit deiner positiven Kriegerhaltung. No más, amigo.*

*Nie mehr ... Niemals wieder. Respektiere mich ...
respektiere mich ... respektiere ... mich.*

*Kommen wir nun zur Verspieltheit. Manchmal
sind diese Herausforderungen sooooo ernst,
dass man leicht eine Verstopfung bekommt.
Ich erinnere mich an den legendären irischen
Trinkspruch: Lass dich von den Bastarden nicht
unterkriegen. Finde stattdessen die innige
Verbindung zur wilden, zarten Verspieltheit ...*
(Dan beginnt seine Tango-artige Bewegung.)
*Stell dir die Hindernisse vor, tanze wie ein
kämpferischer Freigeist ...*(Dans Tanz wird zu
einer Art Tai-Chi Kampfkunst.) *Das ist es ...
bewegen ... tanzen ... spielen ... nie verkrampfen,
nie erstarren, niemals deinen Körper oder deinen
Tanz hergeben ...* (Dan improvisiert nun, viele
wilde Bewegungen, ein offen-herziges Spiel.)
*Immer, wenn du meinst, dass die Situation zu
angespannt ist ...zu verstopft ...*(Beide lachen.)
*Hörst du der Musik zu und spielst ... Spielst mit
der Zärtlichkeit ... Spielst mit der Wildheit ...
Spielst ernsthaft mit Leidenschaft und Wahrheit
und Seele ... Spiele.* (Steve schweigt, während
Dan seinen kreativen Tanz weiter improvisiert.)

*Und wenn du damit fertig bist, kehre zu deiner
Mitte zurück ...*(atmen, mit somatischen Bewegungen zurück zum COACH State) ...(Steve
spricht nun ganz sanft.) *Und lass dich durch
diesen wunderbaren Prozess tanzen ... COACH ...
positive Intention ... Energien der Vorfahren ...
in Aktion treten. Fühle den Rhythmus, diese Sequenz, diesen innigen kreativen Tanz. Gib dir
das Versprechen, täglich zu üben, denn du weißt,
was das Prinzip der Vergänglichkeit bedeutet:
Wir müssen es jeden Tag von Neuem auf vielerlei
Weise erschaffen. Also spüre dem nach, was du
getan hast, welche Verpflichtungen hast du? Was
hast du gelernt, um deine Träume zu verwirklichen, und wenn du dann bereit bist, atme tief
durch und komme in diesen Raum zurück.*

In der anschließenden Diskussion stellte Dan fest, dass sich sein Kampf mit der Wildheit dramatisch veränderte, als er sein Zentrum fallen ließ und „das Feuer" fand. (Noch einmal, solange du nur in deinem Kopf lebst, wirst du Angst haben und von deinem positiven Seelenfeuer abgekoppelt sein.) Er war überrascht, dass die Verspieltheit vielleicht die wichtigste Ergänzung war, die einen „verstopften CRASH"-Zustand linderte. (Erinnere dich, das die notwendige Ressource zu spielen durch Traumata ausgeschaltet wird.) Er erkannte, das große Hindernis war, so starr seriös und ernst zu sein.

Wie alle Klienten machte ich auch ihn darauf aufmerksam, dass dies nur der Beginn war, und dass jegliche nachhaltigen Veränderungen eine erhebliche Nachbearbeitung erfordern. Beim generativen Coaching öffnen wir mit unserem Dialog eine Tür zum sechsten Schritt, der Verpflichtung zum Üben und Erledigen von Hausaufgaben.

Wir hoffen, dass dir dies ein Gefühl dafür vermittelt, wie entscheidend die universellen Ressourcen der Zärtlichkeit, der positiven Wildheit und der Verspieltheit für ein gutes Leben sind. Je schöpferischer wir leben wollen, desto größer werden die Hindernisse sein, denen wir begegnen, und umso resilienter muss unser *„Performance State"* sein. Die archetypischen Energien sind entscheidende Elemente für eine kreative Reaktion; deshalb ist es gut, sie immer als Checkliste „auf dem Zettel" zu haben, um zu erkennen, was in bestimmten Situationen gebraucht wird. Mit anderen Worten: Die Selbsteinschätzung auf einer Skala hilft herauszufinden, wie viel Zärtlichkeit, Wildheit oder Verspieltheit gebraucht wird, wenn unser „Energieniveau niedrig" ist.

Das Fehlen einer archetypischen Energie könnte auf begrenztes Wissen zurückgeführt werden; z. B. *im beruflichen Kontext kann ich nur ernst sein.* Oftmals ist es stressabhängig. Dan teilte uns mit, dass er so gestresst war, dass er die Verspieltheit einfach vergessen hatte. Oder wie wir in Schritt 5 sehen werden, kennen manche Menschen nur CRASH Versionen einer archetypischen Energie. Zum Beispiel empfinden sie *Zärtlichkeit* immer als Schwäche, als Co-Abhängigkeit oder als krankhafte Sentimentalität; oder *Wildheit* als Wut, als unerbittliche Kritik oder als Grenzverletzungen; oder *Verspieltheit* als Zynismus, als ängstliche Albernheit oder als Unfähigkeit, irgendetwas ernst zu nehmen. Da archetypische Energien gleichermaßen negative als auch positive Ausprägungen haben können – je nachdem, wie sie von Menschen gelebt werden – können wir sehr negative Formen z. B. von *Wildheit* erleben und uns deshalb schwören, davon so weit wie möglich wegzubleiben. Das kann dich von deinem Selbst und den wichtigen Ressourcen für ein schöpferisches Leben trennen. Deshalb sagen viele, dass das Lernen, wie sie in guten Kontakt mit jeder dieser Energien kommen können, eine der wertvollsten Erfahrungen mit dem generativen Coaching war.

**Nutze die archetypischen Energien für einen generativen Zustand**

# Zweite Technik: Die Gemeinschaft der Ressourcen

Es ist so, wie die Beatles schon sangen: *We get by with a little help from our friends*. Niemand von uns kann in Isolation mit einer komplexen Herausforderung umgehen. Wir werden scheitern, wenn wir von unserer größeren Gemeinschaft getrennt sind. Das gilt auch für die Kreativität des Coaches. Es ist entscheidend, die Klienten mit so vielen Ressourcen wie möglich zu verbinden, die Ihnen Zugehörigkeit, Segen und Unterstützung geben. The Buddhisten nennen dies *Sangha*[1]. Carl Jung nannte es die *Gemeinschaft der Heiligen*, im mythischen, nicht religiösem Sinne. Wir bezeichnen es als deine *Gemeinschaft der Ressourcen. Eine „Re-Source" ist all das, was dir hilft, dich mit deiner kreativen (schöpferischen) Quelle zu verbinden.* Das können Menschen, Orte, Dinge sein, es können lebende oder tote Personen, historische Persönlichkeiten, Vorfahren, mythologische oder spirituelle Wesen sein. Es können Orte in der Natur oder symbolische Objekte oder Kunst sein.

Wir brauchen alle Arten erfahrbarer Verbindungen, um den kreativen Pfad zu beschreiten. Wir brauchen Sicherheit, Ermutigung, Verspieltheit, Zuversicht, Mut, Positive Vorbilder und Führende, um ein paar zu nennen. Ressourcen sind die Präsenzen in der Welt, die uns mit diesen entscheidenden Erfahrungen verbinden.

In meiner Praxis kann man leicht feststellen, wer zu der Gemeinschaft meiner Ressourcen gehört. Du würdest große Wandbilder von Milton Erickson, Carl Jung, Morehei Ueshiba (dem Gründer des Aikido), dem heilenden Buddha und meinem verstorbenen „Guru aller Gurus" sehen, von Lucky (unser Familienhund, ein Golden Retriever). Die Praxis ist bei mir Zuhause und dient als eine Art Rückzugsort für mich, ein Ort um mich zu sammeln und einen Ausweg aus mancher Herausforderung zu finden. Ich erinnere mich an viele Gelegenheiten, wo ich auf der Couch lag und eine lange Unterhaltung mit diesen außergewöhnlichen Wesen führte. Ich kann mich nicht an eine Gelegenheit erinnern, in der mir dies nicht wirklich gut geholfen hätte.

Wir glauben, dass sich jede Person mit seiner Gemeinschaft der Ressourcen verbinden sollte. Wenn wir unseren Klienten dabei helfen, ist das eine hervorragende Möglichkeit im dritten Schritt des generativen Coaching einen generativen COACH State zu erreichen. Im folgenden wird dazu eine Version der Sechs-Schritte-Methode gezeigt. Lass uns das in einem Fallbeispiel näher erkunden.

---

[1]   In dieser Tradition sind die drei positiven Verbindungen Buddha (Zentrieren), Dharma (positive Intention), und Sangha (Ressourcenfeld).

## Der Prototyp zur Gemeinschaft der Ressourcen

1.  Ein COACH Feld eröffnen

2.  Positive Intention benennen und eine Zeitlinie auslegen

3.  Die *Gemeinschaft der Ressourcen* entwickeln

    a) Mehrere Ressourcen benennen

    b) Sie in räumlichen Umfeld um sich herum anordnen

    c) Sich mit jedem Mitglied seines kreativen Teams verbinden, um ein generatives (schöpferisches) Selbst auszubilden.

4.  Aktionen auf der Timeline Schritt für Schritt erkunden

5.  Mithilfe der Gemeinschaft der Ressourcen Hindernisse transformieren

6.  Sich verpflichten, die Veränderungen im echten Leben umzusetzen.

**Steve und seine Gemeinschaft der Ressourcen**

Dana war eine Software-Ingenieurin für eine mittelständische Software-Firma. Sie liebte ihre Arbeit, außer den monatlichen Präsentationen, die sie für ihr Team halten musste. Sie war sich sicher, dass „jeder" ihre Reden für so „langweilig, trocken und doof" halten würde und dass sie es hassten, darin zu sitzen. Dana hatte das Asperger Syndrom, was sie anführte, um ihr Fremdeln mit sozialen Kontakten zu erklären, jedoch hatte sie einen ziemlich schrägen Humor. Ihr Ziel war sehr präzise und klar: Sie wollte ihren Job bei den Präsentationen besser machen und vielleicht sogar etwas Gefallen daran finden. Es fühlte sich nach einer guten Gelegenheit an, eine Gemeinschaft der Ressourcen zu finden.

### *Schritte 1 und 2: Coach Feld eröffnen/ Positive Intention benennen*

Bei der ersten Unterhaltung war Dana sehr deutlich, was ihre Intention anbelangte. Sie wollte ihre Präsentationsfähigkeiten und die Erfahrungen damit verbessern. Jedoch war es sehr schwierig für sie, irgendeine Art COACH State zu entwickeln. Ihr Körper war durch eine chronische Anspannung blockiert und ihr Verstand dominierte die Situation. Sie insistierte ständig, dass sie nur wissen müsste, was sie zu tun hätte. Meine Versuche – verbale wie nonverbale – ihr den Zugang zu einem COACH Feld zu erleichtern, schienen sie mehr und mehr zu verängstigen.

Wir wollen darauf hinweisen, wie häufig das auftritt. Sechzig Jahre Forschung zeigen, dass jede Methode nur zu etwa 60 % funktioniert. Bei diesen anderen 40 % der Klienten, mit denen die grundlegenden Techniken nicht funktionieren, können Spitzencoaches durch Feedback-gesteuertes Improvisieren erfolgreich sein (s. Miller et al., 2013). Dies ist wichtig zu wissen, wenn wir zu den fortgeschrittenen Aspekten des generativen Coaching kommen.

Die Dialog mit Dana gehörte definitiv zu der Kategorie „grundlegende Techniken scheitern". Das Sprichwort schien sehr passend: *Wenn du dich in einer Grube befindest, hör auf zu graben.* Ich nahm mir Zeit, mich im COACH zu sammeln und betete für einen Plan B. Es schien vollkommen aussichtslos, sich „ von oben" über den kognitiven Verstand zu verbinden, also schien es eine gute Alternative sein, „von unten" über den somatischen Kanal zu gehen. Ich stimmte mich auf mein und ihr somatisches Zentrum ein und war neugierig herauszufinden, was ihren nichtsprachlichen Verstand direkt berühren konnte.

Essen? *Nein.* Essen diente nur der biologischen Aufrechterhaltung. Musik? *Nein. Laute Geräusche überforderten sie.* Freunde? *Nein, ich habe keine Freunde.* Ich ließ mich tiefer in den COACH fallen und bat meinen kreativen Geist, mir etwas, irgendetwas, einfallen zu lassen. *Ein Bild von ihrer Gartenarbeit tauchte auf. (Danke!)* Ich teilte es mit ihr, und etwas veränderte sich: Sie bekräftigte schüchtern ihre Liebe zur Gartenarbeit. (Sie hatte einen Garten auf dem Balkon ihrer Wohnung.) *Hier war ein Portal zu ihrem COACH State.*

Wenig überraschend war, das es verschwand, als wir darüber sprachen. Wir brauchten eine andere somatische Basis. Ich rief die Energien der Vorfahren herbei – Zärtlichkeit, Verspieltheit, Ernsthaftigkeit – und fragte sie, ob sie bei der Gartenarbeit mit ihren Pflanzen spreche. Der Raum erhellte sich: *Ja, das tue ich.* Haben die Pflanzen zurückgesprochen? *Ja, natürlich.*

Dies erhellte einen Korridor zu ihrem „geheimen Garten" des COACH State. Ich schlug sanft vor, dass wir uns auf den Boden setzen, damit sie ihre Erfahrungen mit der Gartenarbeit direkter beschreiben konnte. Wieder erschien dieser schüchterne, aber verletzliche Blick, und dann setzten wir uns beide auf den Boden und stellten uns vor, in ihrem Garten zu sitzen.

Ich bat sie, mir die verschiedenen Pflanzen und Blumen vorzustellen, was sie sehr gern tat. (Das hatte sie noch nie mit jemandem gemacht. Sie war ein „Einzelkind", beschrieb ihre Mutter als depressive Buchhalterin und ihren Vater als einen emotional distanzierten Ingenieur. Sie hatte keine Erinnerungen an Spielen, Lachen oder Zuneigung in ihrer Familie.) Wir sprachen darüber, wie sie für ihre Pflanzen sorgte und welche Unterhaltung sie führten. Dabei blühte ihr COACH State auf.

Ich spiegelte ihr, wie sich ihr Zustand verändert hatte. Sie nickte, doch fand sie es schwer darüber zu sprechen. Ich kam zurück auf ihr Ziel, eine bessere Vortragende zu werden, und schlug vor, dass sie sich dafür kreative Unterstützung hole. Mit einem sanften Lächeln wies ich darauf hin, dass ihr „super rationales" Ingenieur-Wesen dabei keine Hilfe war und den Job nicht allein erledigen könne. Sie schaute interessiert, doch dann ängstlich, und sie begann sich in ihren verbalen CRASH Verstand zurückzuziehen. Sanft unterbrach ich sie, indem ich ihr vorschlug, dass sie diese Unterhaltung besser mit ihren „Gartenfreunden" führen könne..

### Schritt 3: Die „Gemeinschaft der Ressourcen" entwickeln

Jetzt gelangten wir definitiv „an die kreative Grenze", an der sorgfältige Aufmerksamkeit für die nonverbale Resonanz erforderlich ist, um mit einem generativen Dialog verbunden zu bleiben. Als ich mit Dana im Raum des „geheimen Gartens" war, leitete ich sie an, ihre Hände in die Erde zu stecken und sich mit der Erde und den Pflanzen und ihrem ganzen Wesen zu verbinden. (Dies sind tatsächliche somatische Bewegungen, die Coach und Klientin gemeinsam ausführen.) Dann schlug ich ihr vor, den Garten zu fragen:

*Welche kreativen Ressourcen könnten mir bei einer hervorragenden Präsentation helfen?*

Ich schlug ihr vor, nach der Frage einfach (in ihrer Vorstellung) weiter im Garten zu arbeiten, den Dreck, den Geruch und die Farben ihrer Gespräche zu genießen. Und während dieser Erfahrungen, Bilder entstehen zu lassen.

Als sie dies tat, schaute sie plötzlich fasziniert und verwirrt drein, dann folgte ein Lachanfall. Zwei Bilder waren ihr in den Sinn gekommen: der Hund Toto (aus dem *Zauberer von Oz*) und ein „Hofnarr", der mit einem verschmitzten Lächeln an der Wand lehnt. *Willkommen!*

Sie war über diese Bilder sehr erstaunt; zunächst über die Tatsache, dass sie ihre Augen schloss und ein Hund und ein Clown auftauchten. (Das muss doch ein Witz sein:

Eine Ingenieurin, ein Hund und ein Clown gehen in eine Bar ...) Und zweitens, dass es *ihre* Fantasie war, die diese Ressourcen hervorbrachte ... *Ihre eigene!* Sie hatte sich ihr ganzes Leben lang mit der dunklen Überzeugung herumgeschlagen, dass sie keine Fantasie hatte, aber hier war sie: Sie hatte einen kreativen Geist.

Die nächste Herausforderung bestand darin, ihr kreatives Team zu bilden. Dazu lud ich Dana ein, die räumlichen Positionen für jede Ressource wahrzunehmen. (Im Allgemeinen sollten sie die Klient:innen umgeben, um die Verbindung aufrechtzuerhalten, während sie in Aktion treten.) Wir knieten immer noch auf dem Boden, und sie wies auf den Hund zu ihrer Linken und den Narren, der launisch an der Gartenmauer zu ihrer Rechten lehnte. Ich bat sie, zuerst ihr Selbst zu erspüren, dann zum Hund zu wechseln und dann in das somatische Modell des Narren überzugehen.

Ich modellierte jede Verbindung und lud sie dann ein, es selbst auszuprobieren. Als Hundeliebhaber fiel es mir leicht, zu Toto zu werden, der vor Freude bellt und hechelt. Danach wurde ich zu dem spielerischen, verschmitzten Narren.

Dieses Modellieren des Coaches wird oft als sehr hilfreich empfunden, weil es für die Klienten den Raum energetisch öffnet, um mit dem Coach „aus dem Nähkästchen plaudern".

Ich war beeindruckt, wie offen Dana über diese Erfahrungen sprechen konnte. Obwohl sie schüchtern war, benahm sie sich wie ein Kind im Zirkus oder auf einer Kirmes. Sie schien besonders begeistert zu sein, wie ein Hund zu bellen und „zu schnüffeln".

Nun war es Zeit zu üben, wie diese „Dreiercombo" zusammenarbeiten würde, um eine hervorragende Präsentation zu halten. Wir standen auf und legten eine Zeitlinie aus, die in einer großartigen Präsentation drei Wochen in der Zukunft gipfelte. Die Mitglieder des kreativen Teams waren bereit: Dana in der Mitte, Toto gleich links von ihr und der Narr lehnte an der Wand.

Dana sollte sich auf ihr Ziel konzentrieren und ihre beste Strategie wahrnehmen, wie sie es erreichen könnte. Wie zu erwarten war, wirkte sie sehr angespannt und „war vollständig im Kopf". Sie wurde gecoacht, wie sie in die Position von Toto gehen könne, aus der sie Danas Präsenz spüren und jegliche Unterstützung geben könne. Ich begleitete sie auf dem Boden als Toto, bellend und an (der imaginierten) Dana schnüffelnd, mit einer liebevollen „Säugetier"-Verbindung. Es war so eine erfreuliche Musterunterbrechung für Dana. Wir lachten, während wir zwischen Danas super Ernsthaftigkeit und Totos liebevoller Verspieltheit abwechselten.

Eine ähnlich tiefe Öffnung ergab sich, als Dana zwischen ihrem heiteren Ingenieursmodus und dem entspannten komischen Zustand des Narren wechselte. Es war ein schönes Erwachen eines generativen Zustandes aus Zärtlichkeit, Ernsthaftigkeit und Verspieltheit. Man konnte spüren, wie jedes Mal, wenn sich diese Energien integrierten, ein generatives Selbst geboren wurde.

Das Team ging langsam entlang der Zeitlinie und entfaltete in Danas Vorstellung einen Weg zum Ziel. Im Zielzustand nahm sie Toto in die Arme und hob ihn mit einer feierlichen Geste hoch. Ich bat sie, sich etwas Zeit zu nehmen, um in ihrem „Gemeinschaftsgeist" von Dana/Toto/Narr diese Erfahrung sich „einprägen" zu lassen und sich zu verpflichten, sie in die Welt zu tragen.

### *Schritte 5 und 6: Hindernisse transformieren und Hausaufgaben*

Wir trafen uns für eine weitere Sitzung und gingen die Zusammenhänge in ihrer „Gemeinschaft der Ressourcen" durch. Dann übten wir, wie sie sie während ihres Vortrages aktivieren könnte.

In der folgenden Woche kam sie überglücklich wieder. Es hatte funktioniert! Auf dem Weg zur Präsentation kam ihre alte Angst wieder zum Vorschein, aber dann auch die unbändige Zuneigung von Toto, der bellte und sich wälzte. Als sie aufblickte, sah sie das Zwinkern in den Augen des Narren. Zu dritt arbeiteten sie an einer außergewöhnlichen Präsentation. Die Leute blieben danach noch, um weiter zu reden und ihre Begeisterung zu teilen. Alle hatten eine gute Zeit.

Wir sprachen darüber, dass dies der Beginn eines langen nächsten Kapitels in ihrem Leben ist. Ich erwähnte, dass alte CRASH-Zustände nie ausgelöscht, sondern nur durch bessere Alternativen ersetzt werden und wie wir das Leiden an den alten CRASH-Mustern und die Freude an den neuen COACH-Mustern als gleichberechtigte Wege nutzen, um in unserem Wachstum und unserer Entwicklung voranzukommen. Ich schlug vor, dass Toto und der Narr das letzte Wort in der Unterhaltung haben sollten, was für alle ein Vergnügen war.

# Zusammenfassung

Das isolierte Ego eignet sich nicht für die großen Herausforderungen im Leben. Freunde dich mit der Stimme an, die dir sagt: *Du bist nicht genug.* Lass sie dich erinnern, dass du nur in Verbindung mit Ressourcen erfolgreich sein kannst. *We get by with a little help from our friends.*

In diesem Kapitel untersuchten wir, wie die Weisheit unserer Vorfahren, uns mit den archetypischen Energien der *Zärtlichkeit, positiven Wildheit* und *Verspieltheit* in Kontakt bringen. In einem CRASH Zustand werden sie zu negativen Energien, die uns jagen und angreifen; im COACH State sind sie wichtige Ressourcen für ein schöpferisches Leben.

Ebenso ging es um die Bedeutung einer „Gemeinschaft der Ressourcen", die für nachhaltige Kreativität gebraucht wird, und wie daraus praktischer Nutzen gezogen werden kann. Kreative Ganzheitlichkeit hat viele Dimensionen – Mut, Zentrierung, Zuversicht usw. – und wir müssen die Wesen und Orte in der Welt finden, die uns helfen, tiefgreifende, nachhaltige Verbindungen damit einzugehen. Sie bilden unsere *Gemeinschaft der Ressourcen*.

Diese beiden Aspekte können in die *drei positiven Verbindungen* (Zentrum, Intention, Ressourcen) integriert werden, die wir als Prototyp für diesen wichtigen dritten Schritt des generativen Coaching festgelegt haben. Wir wünschen dir viel Erfolg und Freude bei ihrer Integration in deine Kompetenzen.

## *Fang mit dem Nächsten an*

*Fang genau jetzt an,*

*mach einen kleinen Schritt,*

*den du dein Eigen nennen kannst.*

*Und folge nicht*

*den Heldentaten anderer.*

*Sei demütig,*

*und fokussiert.*

*Fang mit dem Nächsten an.*

*Verwechsle nicht*

*das Andere*

*mit deinem Eigenen.*

*Fang mit dem Nächsten an.*

*Mach nicht*

*den zweiten Schritt*

*oder den dritten.*

*Fang mit dem ersten*

*Ding an,*

*das in dem Schritt*

*verborgen ist,*

*den du nicht gehen willst.*

~ David Whyte

# Kapitel 5

# Schritt 4
# Ins Handeln kommen

Nun kommen wir zu dem alles entscheidenden Schritt: *Wie übersetzt man seinen Traum in eine nachhaltige Wirklichkeit?* Wir beginnen mit der Erkenntnis, dass sich, egal wie toll die Coaching-Sitzung war, noch nichts wirklich verändert hat. Die Arbeit in der Sitzung eröffnet Möglichkeiten, die *eigentliche* Realität findet nach der Sitzung statt. Erfolgreiches Coaching bewegt sich an der Grenze zwischen der Aktivierung innerer Potenziale und engagiertem, feedbackbasiertem Handeln im Außen.

Für nachhaltige Ergebnisse ist es wichtig, sich zwischen einer zutiefst leidenschaftlichen, positiven Intention – z.B. „Ich werde dieses neue Ergebnis schaffen" – und einer Reihe von sinnesbasierten „Trittsteinen" dafür zu bewegen, wie dies geschehen kann. Beide ergänzen sich gegenseitig, um einen kreativen Plan zu schmieden. In GC Band 1 haben wir drei Hauptmethoden vorgestellt: 1.) *Storyboards*, die eine visuelle Darstellung der narrativen Struktur eines Prozesses ermöglichen; 2.) *Timelines*, auf der eine Reihe konkreter Schritte zeitlich und örtlich festgelegt werden; und 3.) „To-do"-Listen sowie tägliche Tagebücher mit Aufgaben, Aktionen, Ergebnissen und Überarbeitungen.

Ihr Erfolg hängt von einem *diszipliniertem Flow* ab: man braucht Disziplin für eine effektive Planung, und *Flow*, um ihn in Feedback-sensitiver, fließender Weise zu entfalten. Im Sport gibt es ein altes Sprichwort: *Der Spielplan funktioniert nur solange, bis das Spiel beginnt.* Egal wie gut wir vorbereitet sind, die Realität entwickelt sich nie so, wie wir es uns vorgestellt haben. Ein anderes Sprichwort aus dem Kampfsport heißt: *Erwarte nichts, sei auf alles gefasst.* Planung und Vorbereitung sind also von entscheidender Bedeutung, genauso wie unsere generative Begabung, auf alles, was auftaucht, kreativ zu reagieren.

Wir suchen nicht nach dem „einen wahren" Plan, der jedes Mal blind wiederholt wird, sondern nach einer mehrdimensionalen Tiefenstruktur, die Dutzende oder sogar Hunderte Male ausprobiert wird. Das Sechs-Schritte-Modell ist ein Beispiel dafür. Je öfter du es praktizierst, desto deutlicher erkennst du hoffentlich, dass es unendlich viele Möglichkeiten gibt, es anzuwenden. Jede Sitzung bietet eine neue Gelegenheit zu entdecken, wie unterschiedlich du die sechs Schritte anwenden kannst.

Damit du die praktische Natur des *disziplinierten Flow* besser verstehen kannst, beginnen wir mit der Tiefenstruktur eines Timeline/Storyboards.

**Schritt 1:** Das COACH Feld eröffnen

**Schritt 2:** Die positive Intention benennen

**Schritt 3:** Die Zeitlinie auslegen, an den Anfang herantreten, drei positive Verbindungen herstellen (zur Intention, zum Zentrum und zum somatischen Modell)

**Schritt 4:** Langsam auf der Zeitlinie gehen, um bei jedem Schritt die konkrete Reihenfolge der notwendigen Aktivitäten zu erkennen

**Schritt 5:** Hindernisse auf dem Weg erkennen und transformieren

**Schritt 6:** Die Reise auf der Zeitlinie abschließen und überprüfen, Aufgaben festlegen, diese mit mehreren Änderungen umsetzen

Dies ist eine allgemeine Form der Planung, die du während einer Coaching-Sitzung im Kopf behalten kannst. Jedes Mal müssen diese Schritte mit konkreten Inhalten „gefüllt" werden. Zum Beispiel haben wir uns in den letzten beiden Kapiteln auf die drei archetypischen Energien *Zärtlichkeit, Wildheit, und Verspieltheit* konzentriert. Zwischen diesen drei kreativen Zuständen abzuwechseln, kann auf der Zeitlinie sehr nützlich sein.

**Schritt 1: Ein COACH Feld eröffnen**     **Schritt 2: Positive Intention benennen**

**Schritt 3: Die Zeitlinie auslegen und die drei Verbindungen entwickeln**

**Schritt 4: Eine Sequenz von Aktionen auf der Zeitlinie erkennen**

**Schritt 5: Hindernisse auf dem Weg erkennen und transformieren**

**Schritt 6: Die Zeitreise abschließen und sich zum Handeln verpflichten**

## Disney Strategie:
### Träumer, Realisierer und wohlwollender Kritiker

Eine weitere Triade für einen kreativen Modus bilden die kreativen Muster von Walt Disney, die Robert modelliert hat:

- **Träumer** — Sich alle Möglichkeiten vorstellen
- **Realisierer** — Planen, wie Ziele erreicht werden
- **Kritiker** — Den Plan anhand der Grundwerte evaluieren und nach Schwachstellen und fehlenden Verbindungen suchen

Wie in GC Band 1 beschrieben, lebt der erste Modus des *Träumers* vom grenzenlosen Imaginieren. Du erkennst eine Möglichkeit und lässt dir vielfältige Repräsentationen davon einfallen. *Wow, ich bin von dieser Idee ganz begeistert. Es könnte so aussehen…oder vielleicht SO…oder vielleicht so…* Eine solche offene Neugierde ist entscheidend, damit sich eine neue Vision oder mögliche Realität entfaltet. So beginnt die generative Veränderung, doch genauso entscheidend ist es, wenn die Vorstellungskraft versiegt oder du dich in einem „Ich weiß nicht"-Zustand befindest. Dann handelt es sich höchstwahrscheinlich um ein COACH Feld: Lass alle Vorurteile und Landkarten los und schwimm eine Weile im Quantenmeer der unendlichen Möglichkeiten.

Doch an einem gewissen Punkt muss die Aufmerksamkeit zum *Realisierer* Modus übergehen, indem du sagst: *Aus den unendlich vielen Möglichkeiten, wähle ich diese EINE als Vielversprechendste aus, um den Traum zu verwirklichen.* Die Aufmerksamkeit konzentriert sich auf konkreteres Nachdenken über Menschen, Orte, Zeitpunkte, Abfolgen usw. Dies ergänzt den Träumer, sie arbeiten Hand in Hand. Hier besteht das Ziel darin, eine Art Prototypen zu entwickeln, um die Vision wirksam zu implementieren.

Sobald ein grober Prototyp fertig ist, wird der *wohlwollender Kritiker* wichtig. Viele Menschen halten einen Kritiker für etwas Schlechtes, für jemanden, der Dinge zerreißt, der Menschen oder Ideen für dumm hält usw. Doch der *wohlwollende Kritiker* ist jemand, der leidenschaftlich an das Projekt glaubt und das Gefühl hat: *Das können wir noch besser machen. Wir müssen nur weiter ändern, überarbeiten, verbessern, umorganisieren, vereinfachen, hinzufügen usw.*

Der *wohlwollende Kritiker* bildet den Unterschied zwischen Mittelmäßigkeit und Exzellenz. Intensives Nachfragen und das unermüdliche Streben nach Verbesserung ist der Unterschied, der den Unterschied ausmacht. Die Grundhaltung des wohlwollenden Kritiker ist:

**Das können wir noch besser machen.**

Das sind die drei miteinander verbundenen Ebenen der Kreativität. Doch beachte, dass es konstruktive (COACH) und destruktive (CRASH) Versionen in jedem Modus gibt. Ohne den COACH State verliert sich der Träumer in seiner Fantasie. Der Realisierer im CRASH ist ein Bürokrat – es springt kein Funke mehr über. Der Kritiker ohne COACH ist sehr unangenehm und destruktiv. Hinsichtlich der Kreativität ist der COACH State also die Grundlage und dann bilden der *Träumer*, der *Realisierer* und der *Kritiker* die zweite Ebene.

## Die Modi des Träumers, des Realisierers und des Kritikers auf einer Zeitlinie integrieren

Die Disney Modi nutzen wir als zentrale Methode beim Coaching von Klienten während der Arbeit auf der Timeline und Storyboard-Erstellung. Wir diskutieren die Bedeutung der freien Vorstellungskraft und Neugier *(Träumer), des realistischen, praxisnahen Fokus (Realisierer)* und *der wohlwollenden Korrektur und Verbesserung (Kritiker)*. Danach schlagen wir vor, jeden Modus einzunehmen, um einen kreativen Plan zu schmieden. Damit wird Schritt 4 ganz konkret:

1. Coach Feld eröffnen

2. Intention benennen

3. Generativen Zustand entwickeln

4. Die Timeline in verschiedenen Zuständen abschreiten:

   a. Träumer-Modus

   b. Realisierer-Modus

   c. Wohlwollender Kritiker-Modus

   d. Generativer Zustand (Integration der drei Modi)

   e. Variationen

5. Auf der „Ziellinie" auf die Erfolgswege zurückblicken; Einsatzbereitschaft, Dankbarkeit zeigen.

Bei dieser Version wird in den ersten drei Schritten ein generativer Zustand erzeugt, der auf ein konkretes Ziel ausgerichtet ist. Dazu wird eine Timeline ausgelegt. Dann stimmt sich der/die Klient:in auf den Kreativitätsmodus ein und geht langsam auf der Timeline entlang, um die verschiedenen notwendigen Handlungsschritte wahrzunehmen. Dies wird für jeden der drei Modi wiederholt *—Träumer, Realisierer und Wohlwollender Kritiker—*und anschließend für ein „generatives Selbst", das alle drei Modi integriert.

# *Einfache Methode zur Aktivierung eines Kreativitätsmodus*

1. Einen Kreativitätsmodus (z. B. Träumer) wählen

2. Einen Repräsentanten für diesen Modus finden (Wer wäre ein sehr gutes Beispiel für jemanden mit kreativer Vision und Fantasie?)

3. Sich den Repräsentanten neben sich auf der Timeline vorstellen

4. Ein somatisches Modell finden und Resonanz, um mit dem Repräsentanten in Rapport zu gehen

5. Diese Verbindung nutzen, um über die Timeline zu gehen und die zielführenden Schritte festzulegen

Damit es einen bleibenden Wert hat, ist die Hauptaufgabe des Coaches, den Klienten in einem produktiven COACH State zu halten. Dazu ist viel Coaching-Kompetenz erforderlich, denn die meisten Klienten verlieren während der Prozessarbeit viele Male ihren COACH State. Manchmal gehen sie zu sehr in ihren Kopf oder stoßen auf Hindernisse oder sie gehen zu schnell voran. Für eine nachhaltige generative Veränderung versuchen wir nicht, den Klienten an das generative Coaching anzupassen, sondern adaptieren die GC Methoden, um auf jedes einzigartige Klientenmuster einzugehen und es zu unterstützen, indem wir das System auf ein generatives COACH Niveau „upgraden".

Wir veranschaulichen dies anhand einer Sitzung mit einem 35-jährigen Lehrer, Leonard. Er wollte Hilfe, um in einer sich anbahnenden intimen Beziehung glücklich zu werden. Du wirst feststellen, dass der Wechsel zwischen den unterschiedlichen Kreativitätsmodi seinen Zustandsänderungen folgte.

### Eine positive Intention festlegen

S: *Hallo Leonard, willkommen.*

L: *Danke, schön, dass ich hier sein kann.*

S: Lass uns also etwas Zeit nehmen, um zu erkennen, was deine Intention oder dein Ziel heute hier sein kann. Wenn es eine Sache gäbe, die du kreativ in deinem Leben ändern könntest, was wäre es?

L: *Mich vollständig verwirklichen.*

S: *Und wenn du in der Lage wärst, dich vollständig zu verwirklichen, was könntest du dann konkret erschaffen? Wenn du in die Zukunft schauen könntest – sagen wir in einem Monat, in sechs Monaten oder in einem Jahr, was würdest du dann sehen?*

L: *Ich hätte eine erfüllte Liebesbeziehung in meinem Privatleben.*

S: *Yeah. Bist du in einer intimen Beziehung?*

(Leonard zögert und nickt dann)

L: *Ja.*

S: *Ist das eine Langzeitbeziehung?*

L: *Das hoffe ich doch.* (Lacht)

S: *Okay. Also bahnt sich die Beziehung gerade an? (Lächelt)*

(Leonard nickt, lächelt und sieht ein wenig besorgt aus.)

S: *Wie lange bist du mit dieser Person zusammen?*

L: *Seit drei Monaten …*

S: *Darf ich nach ihrem Namen fragen?*

L: *Lily.*

S: *Großartig. Schöner Name. Und wie lange möchtest du in dieser Beziehung mit Lily bleiben?*

L: (Lächelt) *Für immer …*

(Beide lachen.)

S: *Okay, gut. Wenn ich es richtig verstehe, möchtest du etwas Vertrauen und die Fähigkeit entwickeln, dies zu einer langfristigen Beziehung auszubauen?*

L: *Ja, ganz genau so.*

S: *Ich höre dich. Ich fühle es. Ich sehe es. Und zu diesem Ort in dir sage ich:* **Willkommen!** *Dabei möchte ich dich sehr gern unterstützen.*

L: *Danke.*

S: *Sehr gern. Und nun lass uns einfach deine Verbindung mit dieser Intention vertiefen. Dazu lade ich dich ein, dich einzustimmen … und zu spüren …, wo ist dieser Ort deiner tiefsten Sehnsucht, deines inneren Traums … Fühle, wo sich das Zentrum in deinem Körper …deiner Hoffnung, deiner Sehnsucht … befindet.*

(Leonard schließt seine Augen, berührt sein Herz und streckt langsam seine Arme in die Welt hinaus.)

L: *Hier ist es …* (Zeigt das somatische Modell)

S: *Fantastisch.* (Zum Publikum.) *Ich weiß nicht, ob ihr das sehen könnt: Seine Brust öffnet sich hier.* (S berührt die Brust und streckt die Arme aus. Leonard nickt und entspannt sich.) *Denk daran, dass wir als Coach Zärtlichkeit und Güte, Tiefe und Verspieltheit einbringen wollen. Wenn also jemand sehr schüchtern ist oder es sich um einen sehr empfindlichen, verletzlichen Bereich handelt, wollen wir diese Stellen mit liebevoller Freundlichkeit berühren.*

(Leonard bewegt seine Hände weiterhin.)

S: *Ich frage mich, welche Worte es für diese Intention gibt, die mit dem Zentrum und dem somatischen Modell einhergehen …* **Es wäre wirklich großartig, wenn ich in dieser Liebesbeziehung … erfahre.**

L: *Ich will in dieser Beziehung echte Liebe und Zuneigung leben.*

**S:** *Großartig … (Spiegelt Leonards Bewegungen.) Du willst in dieser Beziehung echte Liebe und Zuneigung leben … Ich fühle das. Ich sende dir dafür die Unterstützung eines großen Bruders. Willkommen!*

**L:** (Lächelt, schaut verletzlich, nickt.) *Danke, das fühle ich.*

**S:** *Nun, Leonard, dann lass uns mal sehen, wie du das geschehen lassen kannst. Wir haben über die Entwicklung von Aktionsplänen auf der Timeline gesprochen und wie dieser Kreativitätsprozess zum Teil den „Träumer", den „Realisierer" und zum Teil den „wohlwollenden Kritiker" umfasst.*

**L:** (Nickt)

**S:** (Lässt Leonard ein paar Minuten Zeit, damit er die Timeline auslegen und sich mit dem Zentrum, der Intention und den Ressourcen verbinden kann.)

### Der Träumer (Deepak Chopra)

**S:** *Und nun möchte ich etwas vorschlagen, das du womöglich sehr hilfreich und interessant finden wirst: Jedes Mal, wenn du die Timeline entlang gehst, bringst du eine Ressource mit, jemanden der oder die dich in deinen besten Zustand führen oder dich daran erinnern kann, vielleicht ein Vorbild.*

*Beginnen wir damit, wie du deine kreative Vorstellungskraft anzapfen und diesem Teil von dir erlauben kannst, eine Zeitlinie zu entfalten… Ich frage mich, ob es jemanden gibt, der für dich ein gutes Vorbild dafür ist? Jemand, der wirklich ein sehr guter Vertreter für freie Vorstellungskraft ist?*

**L:** (Hält einen Augenblick inne und lächelt dann) *Nun, bei mir tauchte das Bild von Deepak Chopra auf.* (Lacht) *Das habe ich nicht erwartet!*

**S:** (Lächelt) *Wow, als wir den kreativen Träumer einluden, an dem Gespräch teilzunehmen, hat Deepak Chopra den Ruf angenommen. Das ist interessant!*

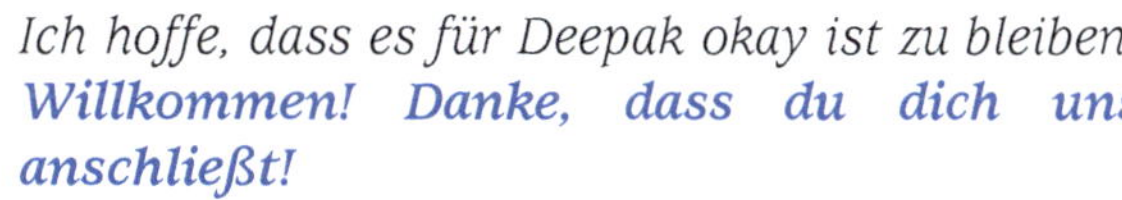

*Ich hoffe, dass es für Deepak okay ist zu bleiben.* ***Willkommen! Danke, dass du dich uns anschließt!***

**L:** (Lächelt, nickt) *Willkommen, Deepak…*

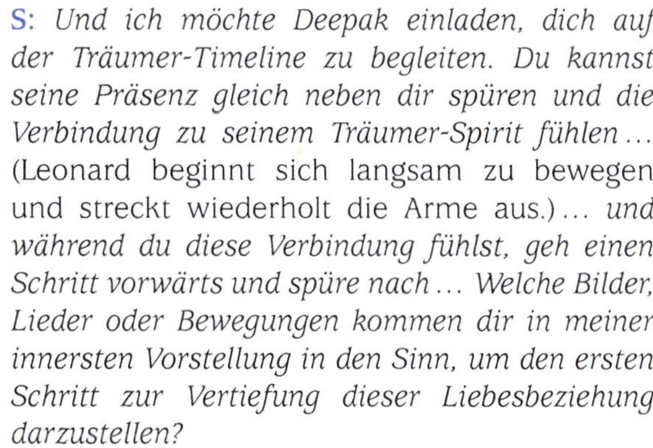

**S:** *Und ich möchte Deepak einladen, dich auf der Träumer-Timeline zu begleiten. Du kannst seine Präsenz gleich neben dir spüren und die Verbindung zu seinem Träumer-Spirit fühlen…* (Leonard beginnt sich langsam zu bewegen und streckt wiederholt die Arme aus.) *… und während du diese Verbindung fühlst, geh einen Schritt vorwärts und spüre nach… Welche Bilder, Lieder oder Bewegungen kommen dir in meiner innersten Vorstellung in den Sinn, um den ersten Schritt zur Vertiefung dieser Liebesbeziehung darzustellen?*

**L:** (Beginnt bei geschlossenen Augen mit einer langsamen, fließenden Tanzbewegung einen Schritt vorwärts zu gehen.)

**S:** (Spiegelt Leonards Bewegungen direkt an seiner Seite.) ***Ein kleiner Schritt für Leonard, ein Riesenschritt für Männer in Liebesbeziehungen.*** (Witz) *… Und sag mir: Was wird dir hier bewusst?*

**L:** (Lächelt.) *Ich sah Deepaks Gesicht und seine Stimme sagte, du erschaffst deine Realität…* **unendlich viele Möglichkeiten!!**

 *Genau richtig … Ist es nicht schön zu wissen, dass du jederzeit einen intimen Prozess beginnen kannst, du kannst die positive Präsenz von Deepak spüren, der dich daran erinnert … und während du den Rhythmus weiterhin fühlst … spürst du das somatische Modell, das positive Intimität in die Beziehung bringt …während du die Präsenz von Deepak Chopra als einen Verbündeten siehst und fühlst …kannst du einen Schritt weitergehen …*

(Dieser Prozess wiederholt sich auf drei weiteren Timelines. Bei jedem nachfolgenden Schritt berichtet Leonard von seinen Erlebnissen: Wie er *ein schreiendes Baby hält und liebkost; wie zwei Hunde auf einer Wiese spielen; wie Leonard und seine Liebste miteinander lachen.*

Am Ende der Träumer-Timeline wird Leonard eingeladen, den gegangenen Schritten nachzuspüren, sie zur Integration einzuatmen und dann an den Anfang für die zweite Runde zurückzukehren, diesmal im Realisierer Modus.)

**Auf einer Zeitlinie laufen, die vielen Möglichkeiten enthält: ein schreiendes Baby, zwei spielende Hunde und sein Schatz lacht mit ihm.**

*S: Also bist du bereit für eine weitere Runde?*

*L: Ja.*

*S: Sehr gut. In dieser zweiten Runde will ich dich einladen, dich auf deinen Realisierer Modus einzustimmen und dich wirklich auf die konkreten Dinge zu fokussieren, die du tatsächlich tun kannst, wenn du mit deiner Liebsten zusammen bist. Okay?*

L: (Verspannt sich, schrumpft ein wenig, schaut unsicher drein.) *Nun, das ist leichter gesagt als getan. Ich bin ganz gut im Fantasieren, da bin ich sicher in meiner Fantasie, aber irgendetwas passiert, wenn ich tatsächlich mit Menschen in Kontakt komme, besonders bei Liebesbeziehungen.*

*S: Es ist sehr gut zu erkennen, dass du in wirklichen Beziehungen überwältigt wirst.*

*L: Ja, so ziemlich.*

*S: Dem Teil von dir, der sich überwältigt und unsicher fühlt, möchte ich sagen: Willkommen! Und darauf hinweisen, dass dies der Ort ist, wo deine Ressourcen am meisten gebraucht werden. Deshalb frage ich mich, ob dir ein guter Repräsentant für den Realisierer einfällt, der intim sein kann.*

L: (Lächelt) *Barack Obama. Ich glaube, der ist so cool, und ich bewundere wirklich seine Beziehung zu seiner Frau.*

*S: Wow, lass uns Präsident Obama begrüßen. Willkommen, Mr. Präsident, Willkommen!* (Lächelt und macht Willkommensgesten für Mr. Obama.) *Und ich weiß, Sie sind ein viel beschäftigter Mann, aber dieser wunderbare junge Mann hat Sie um Ihre Unterstützung als seine Ressource gebeten. Werden Sie Leonard helfen?* (An Leonard gewandt:) *Was sagt er?*

L: (Lächelt) *Er sagt in dieser liebenswürdigen lockeren Art, dass er das gern macht.*

S: *Großartig. Stell dir also vor, Barack Obama steht neben dir auf deiner Suche nach Intimität, und wow, er ist wahrscheinlich ein viel mächtigerer großer Bruder als ich es je sein könnte.* (S und L lachen.) *Was wird dir nun bewusst?*

L: *Nun, eigentlich steht auch seine Frau neben ihm. Sie halten sich an den Händen und lächeln mich an.*

S: *Wow, wir sollten dir das vielleicht extra berechnen.* (Beide lachen.) *Zwei für einen, das ist super! Also, stimmen wir uns auf die Schritte auf der Zeitlinie ein ... Spüre die Unterstützung von Barack und Michele Obama, einem wundervollen Paar, das dich führt und unterstützt ... Und spüre deine eigene körperliche Präsenz, als junger Mann, der sich verpflichtet fühlt, seinen Weg der Intimität zu finden ... Und erst wenn du bereit bist, gehst du einen ersten Schritt nach vorne ...*

L: (Will sich bewegen, erstarrt, sieht gequält aus.)

S: (Mit sanfter Stimme) *Lass uns innehalten ... atmen ... zentrieren ... es gibt nichts zu tun ... komm zum COACH State zurück ... und fühle, wie Barack Obamas Stimme spricht, vielleicht bietet er eine einfache Unterstützung an. Und was passiert jetzt?*

L: *Ich fühle mich einfach überwältigt ...*

S: (Sanft) *Gut zu wissen, dass der verletzliche Teil hochkommt, wenn du Intimität leben willst. Und zu dem Teil, der sich gerade überwältigt fühlt:* **Willkommen**. *Ich bin sicher, das macht Sinn. Oftmals bedeutet das, dass du zu viel verlangst und zu schnell vorangehst ... Also nehmen wir es als Vorschlag zu* **verlangsamen** *... höre Mr. Obamas Stimme. Was sagt er?*

L: *Er stimmt dir zu. Er sagt: Kein Druck, sei du selbst; es ist okay, sich verletzlich zu fühlen.*

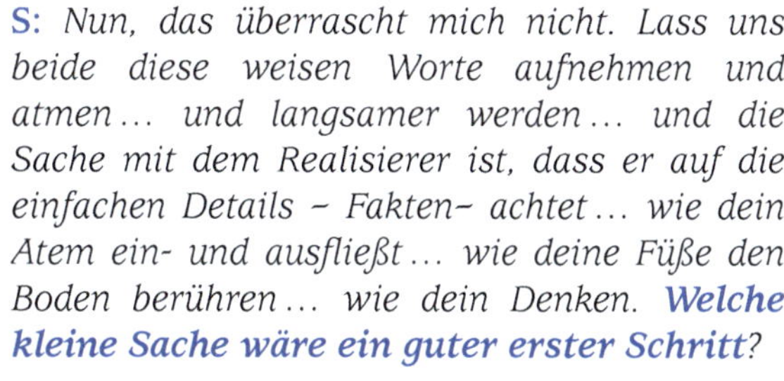

**S:** *Nun, das überrascht mich nicht. Lass uns beide diese weisen Worte aufnehmen und atmen… und langsamer werden… und die Sache mit dem Realisierer ist, dass er auf die einfachen Details – Fakten– achtet… wie dein Atem ein- und ausfließt… wie deine Füße den Boden berühren… wie dein Denken.* **Welche kleine Sache wäre ein guter erster Schritt**?

**L:** *Ich sah das Bild, wie die Obamas sich an den Händen hielten, und da fühlte und sah ich mich, meine Hand zu Lily ausstrecken…* (Leonard wird langsamer, atmet, entspannt sich, lächelt.)

**S:** *Das ist großartig! Kein Grund für viele Worte, keine großen Pläne, keine hohen Anforderungen… nur Händchen halten… Das ist ein wirklich guter erster Schritt. Nur Händchen halten… kleine Schritte, entschleunigen, einfache Dinge… Händchen halten… und wie reagiert Barack darauf?*

**L:** *Er lächelt, nickt und winkt… und hebt seine Hand, die Micheles Hand hält, hoch.*

**S:** *Dazu sind Ressourcen da! Und während du die Berührung der Hand spürst… das Lächeln und die Unterstützung der Obamas… lass dir einen weiteren Schritt als Realisierer einfallen. Was nimmst du hier wahr?*

**L:** (Leonard geht einen kleinen Schritt vor, wieder sieht er nach einem CRASH Zustand aus, murmelt:) *Kommunikation. Einfach Kommunikation.*

**S:** (Sanft) *Was genau kommunizierst du?*

(Leonard zuckt mit den Schultern und zeigt so seine Resignation.)

**S:** (Sanft) *Großartig. Hier ist einer der wichtigsten Schritte im gesamten Prozess. Dies ist der Moment, in dem du wirklich in Kontakt mit deiner innigsten Fähigkeit zu lieben kommst. Es fühlt sich an, als wäre sie lange Zeit im Keller einschlossen gewesen. Ich möchte dieser Präsenz sagen:* **Willkommen. Du bist für den Prozess so wichtig.**

(In solchen CRASH-Situationen begrüßt der Coach alles, was immer da kommt, und hilft dem Klienten, sich mit der COACH Ressource zu verbinden, um es gut zu integrieren. Steve macht dies, indem er Leonard bittet, sich mit 1.) seinem eigenen Körper, 2.) seiner Ressource Barak Obama und 3.) mit Stephens menschlicher Unterstützung zu verbinden. Leonard findet heraus, dass der Weg der Intimität sein verletztes Kind aktiviert hat und die COACH Unterstützung ihm erlaubt, dies als integralen Bestandteil seines gegenwärtigen Intimen Selbst anzunehmen.)

**S:** *Und von dort aus verbindest du dich, Leonard, zuerst mit dir selbst … mit diesem verletzlichen Ort in dir … mit Barak Obamas freundlicher Unterstützung eines großen Bruders … Während du Lily von diesem Ort aus anschaust, was willst du ihr sagen?*

**L:** (langsam) *Ich will Lily sagen: Ich liebe dich, aber manchmal dauert es eine Weile, bis ich dazu komme.* (Sieht verletzlich aus, bleibt aber verbunden.)

**S:** *Das ist großartig … Ich fühle das … Und was sagen Barack und Michele dazu?*

**L:** (Lächelt) *Sie sehen so glücklich und stolz auf mich aus!*

**S:** *Ja, du hast nun viel Unterstützung für diese Verletzlichkeit und das Bekenntnis zur Intimität … und hey, da deine verletzliche Seite einige Zeit braucht, um dorthin zu gelangen, bedeutet das wohl, dass du Zeit hast, um ein paar andere Dinge zu tun, oder?* (Lächelt.)

**L:** (Lacht) *Ich glaube schon …*

**S:** *Nun, während du diesen sehr verletzlichen Teil von dir seine Zeit hinter den Kulissen nehmen lässt, warum gehst du nicht weiter … und du könntest Barack und Deepak mitbringen … und sehen … zur Hölle, nur so zum Spaß, was ich mit Lily machen möchte, ist …*

(Steve modelliert dies mit kindlicher Verspieltheit und tanzt herum. Er überredet Leonard, der nach einigen Minuten beginnt, sich frei zu bewegen. Mit diesen spielerischen somatischen Bewegungen bewegt er sich durch mehrere weitere Timeline-Schritte, wobei er Bilder entdeckt, wie er Lily Blumen bringt, mit ihr über seinen Familienschmerz spricht und Videos für sie dreht.

Wir sehen also eine ganz andere Reaktion im Realisierer-Modus als im Träumer-Modus. Im Realisierer liegt eine Menge CRASH vor, deshalb hat er viel unintegrierte schöpferische Kraft zu empfangen und zu integrieren. Der Wechsel zu einer sanften und dann spielerischen Energie erlaubt es, diesen verwundeten Teil im Lösungs-Selbst willkommen zu heißen.)

Am Ende der zweiten Timeline, bittet Steve Leonard innezuhalten, das Gelernte wahrzunehmen und zum Anfangspunkt zurückzukehren.

**S:** *Wow, das war interessant! Zeit für einen weiteren Teil … Bist du bereit?*

**L:** *Ja, definitiv.*

**Auf der Zeitlinie laufen, unterstützt von Mentor:innen/Archetypen eines „Realisierers": Blumen mitbringen, über das Familienleid reden, Videos aufnehmen.**

### Der Wohlwollende Kritiker (Bruce Lee)

S: *Gut, nun kommen wir zu dem Teil unseres kreativen Selbst, der für Ablehnen, Ändern, Bearbeiten, Umgestalten, Kürzen und Korrigieren zuständig ist. Wir nennen ihn den Wohlwollenden Kritiker. Was glaubst du, solltest du bearbeiten, wenn du mehr Intimität zulassen willst?*

L: *Ich will meine Unsicherheit und Angst loswerden.*

S: *Und mit was ersetzen?*

L: (Hält inne) *Nun, ich will meine Erdung behalten, wenn ich mich kritisiert fühle.*

S: *Großartig. Das macht Sinn. Und wenn du dir Zeit nimmst, darüber nachzudenken, wer ein guter Repräsentant für diesen Kritiker oder Editor sein könnte … achte einfach darauf, wer diesmal auftaucht.*

L: (Lacht.) *Bruce Lee.*

S: *Wow, du hast einen guten Geschmack! Bruce Lee ist einer meiner Helden, seit ich mit Kampfkunst vor fast 50 Jahren angefangen habe!* (S modelliert körperlich Bruce Lee: mit spielerischen Bewegungen, Lauten und wilden Augen. L spiegelt ihn zurück.)

*Und was magst du ganz besonders an Bruce Lee als dein Vorbild?*

L: *Nun, er gibt nie klein bei, wirkt dabei aber sehr verspielt und hat so viel Anmut, und manchmal kann er auch sehr ernst sein.*

S: *Ja, ein gutes männliches Vorbild, da stimme ich zu. Und was davon repräsentiert etwas, das du, als du jünger warst, nicht hattest und nun haben willst, wenn du mehr positive Intimität zulassen willst?*

L: (Schaut jung aus, verletzlich.) *Meine Familie war sehr gewalttätig, es gab viel Geschrei, ich wurde richtig runtergemacht. Das machte mich unsicher und unfähig gut zu kommunizieren.*

S: *Ja, das Gefühl kenne ich.* (Die beiden Männer verbinden sich schweigend.) *Also nun bilden wir eine andere Familie, mit Träumern wie Deepak, liebenswürdigen Realisierern wie Barack und wilden wohlwollenden Kritikern, die mit ihren Fingern „Nein" sagen wie Bruce Lee.* (Schweigen) *Das ist echt gut zu wissen … ich freue mich für dich.* (Schweigend in Verbindung)

*Wollen wir die Timeline mit Bruce festlegen?*

L: *Ja, machen wir das.* (Es sieht so aus, als ob er sich zu einem entschlosseneren, erwachseneren Auftreten zusammenreißt.)

S: *Und dafür, schlage ich vor, dass du dir nicht nur Bruce Lee an deiner Seite vorstellst, sondern dass du – das Bild kam mir gerade – einfach Bruce Lee bist … du bewegst dich und hörst dich an wie Bruce Lee. Hast du das zuhause ganz für dich schon mal gemacht?*

L: (Lacht) *Ja, besonders oft als Teenager.*

S: *Ich auch, und viel später danach auch … als wäre es gestern gewesen …* (Beide lachen.) *Was meinst du?*

L: *Ich glaube, das wäre toll.* (Steve und Leonard tauschen ein paar Bruce Lee Bewegungen aus, als wären sie im Sparring, beide lachen.)

S: *Und nun gehen wir noch einmal auf diese Zeitlinie … und nimm wahr, Leonard, wie sehr du wirklich, wirklich entschlossen bist, eine positive Liebesbeziehung zu entwickeln, hoffentlich mit Lily. Werde langsamer … spür nach … lass es tief in dein Zentrum eindringen, und von da aus spürst du die Freude bei der Entdeckung, dass Bruce Lees Geist dich leitet, wenn du ein paar notwendige Schritte machst, um das zu erreichen … Also, bist du bereit?*

L: *Ja, definitiv.*

S: *Okay, also lass dir eine Bruce-Lee-Bewegung einfallen, die dich dann vorwärts in eine Bewegung für den ersten Schritt bringt, in dem du sagst: **Als erster Schritt tritt der Drache auf und sagt …*** (Steve modelliert dies, in dem er herumspringt und mit einer kämpferischen Ansage nach vorn springt. Dann verbeugt er sich vor L und signalisiert ihm nonverbal, dass er an der Reihe ist. L ist ein wenig schüchtern, lässt sich dann aber zu freien Bewegungen hinreißen.)

L: *Whaaaa…* (Bruce-Lee-Schrei). *Das erste, was ich machen muss, ist meiner Familie zu sagen: **Ich will kein Opfer mehr sein, ich will mein eigenes Leben haben!*** (Er sieht sehr konzentriert und verletzlich aus, weitgehend zentriert.)

S: (Nickt, sagt ernst, aber sanft) *Das ist super, das ist es, Leonard. Und zum Schluss noch ein paar richtig gute Bruce-Lee-Moves …*

(Steve modelliert Bruce Lee und Leonard schließt sich ihm an, sie kämpfen spielerisch.)

(Nun denkt Steve an Muhammed Ali und beginnt Ali zu modellieren, tänzelnd und stolzierend.) *Und wie wäre es Muhammed Ali ins Team zu holen … **Ich schwebe wie ein Schmetterling, aber ich steche wie eine Biene!*** (S tanzt wie Ali herum. Mit ein wenig Nachdruck spiegelt L auch das wider.)

S: *Das ist so cool, Leonard. Wirklich, super. Und*

*nun finde in dir selbst diese positive männliche Wildheit … mit offenem Herzen … spielerisch… unbezwingbar … zentriert … und spüre diesen wilden, schützenden Kritiker, der dich keine andere Stimme sprechen lässt als deine eigene … gehe noch ein paar Schritte weiter …*

**L:** (Somatisches Modell mit ausgestrecktem Arm, als sei er ein Schwert, beginnt langsam auf der Zeitlinie zu laufen. Diesmal findet er weitere Bilder: *eine wilde, stille Mitte finden, wenn sein innerer Kritiker angreift; wie Bruce Lee tanzen, wenn er sich eingeschüchtert fühlt; und ein somatisches Modell, bei dem er eine Hand auf sein Herz legt und die andere nach vorne streckt …*)

**S:** *Das ist gut. Fühlt sich gut an, nicht wahr?*

**L:** (Nickt) *Wirklich gut …*

**S:** *Du siehst großartig aus.*

(Zum Publikum) *Also, indem ihr diese einfach erforscht, könnt ihr ein Gefühl dafür bekommen, welche Beziehung die Person zu jedem dieser drei zentralen Anteile hat.*

*Gehen wir also zum Anfang zurück und fügen wir*

Auf der Zeitlinie laufen, unterstützt von Mentor:innen/Archetypen eines „wohlwollenden Kritikers": seine wilde, leise Mitte finden, wie Bruce Lee tanzen; eine Hand auf dem Herzen, eine Hand zeigt nach vorn.

*alles zusammen.*

(Sie gehen zum Anfang zurück.)

### Integration und zukünftige Ausrichtung

**S:** *Lass uns zur Integration den Plan oder die Choreographie des Ablaufs durchgehen.* (S modelliert jeden Schritt und lädt L ein, ihn zu spiegeln) … *Beginnen wir mit dem COACH Feld* … (somatisches Modell) … *Dann die Intention* … (somatisches Modell) … **Jeden Tag werde ich erwachsener und verpflichte mich zu einer gesunden Liebesbeziehung** … (nonverbales, somatisches Modellieren) … **und ich fühle die Gemeinschaft aller erwachsenen Ressourcen, die mich leiten… erinnern… unterstützen und Vorbilder sind…**

**(Träumer)** *Deepak Chopra … unendlich viele Möglichkeiten … erinnern dich an die Notwendigkeit für kreative Fantasie …* (somatisches Modell, lächelt, verspielt) …

**(Realisierer)** *Barack Obama … ein sanfter Realisierer … erinnert dich an … langsamer sein … Einfachheit, Vereinfachen, Einfach-sein … kleine Dinge … zentriert und präsent bleiben … die Verbindung mit dir selbst zuerst … dann mit anderen … um Liebenswürdigkeit, Nähe und Respekt für Frauen zu integrieren … zentriert sein …*

**(Wohlwollender Kritiker)** *Bruce Lee … der tanzende Kritiker … erinnert dich daran, Missbrauch nicht zulassen … Einschüchterung durchbrechen … zentriert sein … positive Selbstverteidigung … den Körper feiern …. über den Missbrauch hinauswachsen … zentriert sein … zentriert sein … eine tiefe Vertrautheit mit deinem Herzen und deiner Seele … eine tiefe Verpflichtung zur täglichen Praxis …*

*Und vor allem, du … Leonard … ein Mann, der zu positiver Intimität erwacht … ein Mann, der heil wird, hilft, sich entwickelt … täglich …*

*Nimm wahr, was du hier geschaffen hast. Spüre nach, wie du diese Timeline täglich üben kannst: Was kann ich heute tun, um meine Intimität weiter zu entwickeln? Eine Frage für die Ewigkeit ... und bewege dich durch diese Verbindung ... beginne bei dir selbst ... mit deinem Zentrum, positiver Intention, Ressourcen ... dann geh einen Schritt nach dem anderen .... und erinnere dich ... positive Vorstellungskraft, unendliche Möglichkeiten ... praktische Realität, kleine Schritte, in Verbindung bleiben ... wilde Veränderungen und Korrekturen, positiver Kämpfer ... und fühle, wie all das integriert wird, jeden Tag mehr, während du die Schritte jeden Tag gehst ...*

*Und wenn du auf den Weg zurückblickst, den du begonnen hast auszulegen, dann zentriere dich ... versprich oder schwöre dir umzusetzen, was immer du machen möchtest ... danke allen Wesen, die dich auf diesem Weg unterstützen ... (Pause) ... und dann, zum Schluss, lass dir ein somatisches Modell und eine Stimme einfallen, das zu feiern ... Ja, ich habe es geschafft ... eine Stimme, die sagt ... unendliche Möglichkeiten ... eine andere für: Yes we can! ... Noch eine nur für den Klang des tanzenden Drachens ... und am wichtigsten, deine eigene Stimme, die sagt ... Ja! ... Ja! ... Ja! ...*

**L:** (Bewegt sich, lächelt und verbeugt sich ... für einige Minuten. Dann wendet er sich an Stephen und verbeugt sich.) *Danke!*

**S:** (Nimmt L in den Arm) *Ich danke dir auch, Bruder. Danke, dass du ein Herzstück deines Lebensweges mit uns teilst. Danke, dass du ein Schüler deiner selbst bist und ein Lehrer für uns alle. (Er zeigt mit der Hand auf die anderen Menschen im Raum.) Wie viele von euch haben heute von Leonard eine Therapie erhalten?*

Leute heben ihre Hände, überschütten Leonard mit Beifall und erweisen ihm stehende Ovationen. Leonard ist sichtlich tief berührt. Stephen kommt herüber, legt seinen Arm um Leonard und sagt: *Jetzt beginnt die Arbeit.*

# Das Disney Modell auf einer Zeitlinie

**3) Einen Stellvertreter für den REALISIERER benennen und auf der Zeitlinie laufen.**

**4) Einen Stellvertreter für den WOHLWOLLENDEN KRITIKER benennen und auf der Zeitlinie laufen.**

**5) Integrieren und sich ausrichten**

## Allgemeine Diskussion

Dies ist nur eine der vielen Möglichkeiten, wie Storyboards/Timelines im Generativen Coaching eingesetzt werden können. Im „disziplinierten Flow" sehen wir einen einfachen, klaren Prototypen als Weg zur Entfaltung einer gewünschten Realität, der jedoch auf viele einzig-artige Arten ausgedrückt werden kann. Denke daran, dass generative Nachhaltigkeit davon abhängt, alle Dimensionen eines Performance-holons einzubeziehen: das Ziel, den gegenwärtigen Zustand, Ressourcen, Hindernisse, situative Bedingungen usw. Die eigentliche Leistung besteht also in einer Art kollektiver Improvisation, die um die allgemeine Vorlage herum gestaltet wird.

Das vorherige Beispiel zeigt, wie wichtig es ist, die verschiedenen Kreativitätsmodi *Träumer* (freie Vorstellungskraft), *Realisierer* (praktische Anwendung) und *Wohlwollender Kritiker* (kontinuierliche Korrektur und Verbesserung) zu aktivieren. Jeder Modus ist eine wesentliche Kompetenz für nachhaltige Kreativität. Wie Leonard sind die meisten Menschen in einem Bereich stark, in einem anderen jedoch nicht. Leonard fühlte sich in seinem Träumer sehr wohl, zog sich aber im Realisierer schnell zurück. Dies wurde als Feedback genommen, um sich auf ein langsameres Tempo und kleinere Schritte zu beschränken und auch mehrere Ressourcen zu aktivieren, z. B. das somatische Zentrieren, die Verbindungen zum Coach State und zu seiner Ressource „Barack Obama".

Durch die Bewegungen auf der Timeline (in der Sitzung und danach), begann Leonard wahrzunehmen, dass seine alten „Landkarten über Intimität" hauptsächlich negativ waren: ein misshandelnder Vater als männliches Vorbild, eine gewalttätige Ehe zwischen den Eltern, sein in der Familie gelernter Selbstzweifel, keine positive Förderung usw. Es war besonders wichtig für ihn zu erkennen, dass nichts Falsches oder Unzulängliches an ihm war, er hatte nur einige schmerzliche CRASH-Muster von seiner Familie geerbt. Das mehrwöchige Praktizieren der Timeline ermöglichte ihm, diese CRASH-Dimensionen zu entlarven und durch COACH-Repräsentationen zu ersetzen.

Es ist keine Frage des ob, sondern des wann man auf diese lähmenden CRASH-Punkte stößt, denn nur selten kommt ein Klient wegen eines Mangels an Fähigkeiten oder Wissen zum Coaching; fast immer gibt es ungelöste CRASH-Punkte, die jemanden von seinen hart erarbeiteten Fähigkeiten trennen. Es gibt viele vielsagende Anzeichen für CRASH: emotionale Reaktionen, Verlust des Fokus, Feststecken, somatische Blockaden usw. An diesen Punkten verlagert sich das Coaching von positiver Zukunftsorientierung zur Wiederherstellung des COACH-State. Der generative Coach kann schnell die sechs Schritte durchlaufen – ein COACH-Feld eröffnen, die positive Intention, die drei positiven Verbindungen, das Aufteilen in Unterschritte, Hindernisse begrüßen – um zu erkennen, welche Dimensionen des Performanceholons integriert werden müssen, damit der kreative Fluss wieder aufgenommen werden kann. (Denke daran, dass jeder Schritt alle anderen Schritte beinhaltet.) Das bedeutet, dass jede Sitzung einzigartig und sehr erhellend sein wird, sowohl für den Coach als auch für den Klienten.

Mit der Timeline-Technik ins Handeln kommen, unterstützt durch die Stellvertreter für die archetypischen Energien: Träumer, Realisierer und wohlwollender Kritiker.

Die gängigen Methoden der Timeline und des Storyboards werden in nahezu jedem Leistungsbereich eingesetzt. Athlet:innen visualisieren und proben ihre Ablauf unendlich oft, um sich auf großartige Leistungen vorzubereiten. Beim Coaching während eines Wettkampfs wird in der Regel auf den Masterplan zurückgegriffen, und nach dem Wettkampf wird der Wettkampf mehrmals analysiert, um Verbesserungsmöglichkeiten zu finden. Beim Training werden die Trainingspläne in vielen Situationen angewandt, so dass man die Selbstsicherheit gewinnt, auf alles, was passieren kann, kreativ und belastbar reagieren zu können. Genau das streben wir beim generativen Coaching an. Wir wollen den Klienten keine starren Vorgaben machen, sondern sie dabei unterstützen, kohärente, flexible Erfolgsstrategien zu „lernen".

Das bedeutet, dass die Arbeit in der Sitzung ein Anfang und kein Ende ist. Im sechsten Schritt schauen wir uns das Geschehen noch einmal an und bitten die Klienten, für die kommende Woche zwei bis drei Aktivitäten zu nennen, worauf sie sich verpflichten und Buch führen. In Kapitel 6 werden wir sehen, wie es sich auf vielerlei Weise auswirkt, wenn man sich zur Erledigung von Hausaufgaben verpflichtet. Manchmal „vergessen" die Klienten sie oder „haben keine Zeit", sie zu erledigen. Manchmal beginnen sie damit und werden überwältigt oder abgelenkt, oder es geschehen unvorhersehbare Situationen oder Ereignisse. *Jedes Ergebnis wird als positives Feedback angenommen, weil es darauf hinweist, was für weitere Verbesserung notwendig ist.*

Wie bei allen Generativen Coachingmethoden, geht es beim Storyboard/Timeline Prototypen nicht darum, dem Klienten etwas aufzuzwingen, sondern er dient als allgemeiner Plan, durch den Klient:innen lernen, wie sie sich positiv entwickeln können. Wie ein altes Sprichwort besagt: Gib jemandem einen Fisch und du fütterst ihn für einen Tag. Lehre ihn zu fischen und du fütterst ihn fürs Leben.

Mit den Timeline-Methoden helfen wir Klienten zu lernen, wie sie ihr großes Engagement, ihre harte Arbeit und ihr kontinuierliches Lernen sinnvoll einsetzen können. So entsteht das Vertrauen, das Leben mit offenem Herzen und neugierigem Verstand zu leben. Es erinnert uns an das, was wir Milton Erickson so oft sagen hörten: ***Ich weiß nicht, wie es geschehen wird, aber ich bin neugierig, es herauszufinden!*** Das ist die Essenz des generativen Lernens, und die GC-Methoden bieten die Basis, um es zu verwirklichen. Wie Deepak Chopra sagen würde: Es gibt unendlich viele Möglichkeiten. Barack Obama wurde sagen: Yes, we can! Und Bruce Lee würde sagen: Whaaaa!

Das Menschsein ist ein Gästehaus.
Jeden Morgen eine neue Ankunft.
Freude, Depression, Gemeinheiten oder
Momente der Bewusstheit
kommen als unerwartete Besucher.
Heiße sie alle willkommen
und bewirte sie!
Selbst wenn es jede Menge Sorgen sind,
die heftig durch dein Haus fegen
und es von seinen Möbel leeren.
Behandle jeden Gast ehrenvoll.
Er könnte dich entrümpeln,
um neue Freuden zu empfangen.
Ob dunkle Gedanken, Scham oder Bosheit,
begegne Ihnen lachend an der Tür
und lade sie zu Dir herein.
Sei dankbar für jeden, der kommt,
denn jeder wurde Dir gesandt,
als Führer aus einer anderen Welt.
– Rumi

# Kapitel 6

# Schritt 5
# Hindernisse transformieren

Überall, wohin du dich auch wendest, werden Probleme auf dich warten. Wenn du ein Auto hast, wirst du Autopannen haben. Wenn du eine Liebesbeziehung hast, wirst du Liebeskummer haben. Wenn du arbeitest, wirst du Schwierigkeiten bei der Arbeit haben. Probleme sind ein integraler Bestandteil unseres Lebens. Also ist es keine Überraschung, das wir sie als wesentlichen, integralen Bestandteil des Generativen Coaching ansehen. Die Frage ist: Wie gehen wir am besten mit signifikanten Hindernissen um?

Zur Beantwortung dieser Frage, lass uns darüber nachdenken, was Probleme so schlimm macht. Im Generativen Coaching brauchen wir nicht weiter als bis zu den vier Fs eines CRASH Zustandes zu schauen: *fight, flight, freeze, oder fold* (Kampf, Flucht, Erstarren oder Einknicken). Wenn du versuchst, deine Probleme zu unterdrücken, werden sie für gewöhnlich schlimmer. Wenn du davor wegläufst, werden sie schlimmer. Wenn du versuchst, mit ihnen in einer Art Analyse Paralyse umzugehen, werden sie noch schlimmer. Und wenn du dich einfach betäubst, werden sie noch viel schlimmer.

Sobald wir ein fünftes „F" für *kreativen Flow* hinzufügen, erkennen wir etwas, das nicht nur Probleme löst, sondern sie zu notwendigen Ressourcen transformieren kann, um im Leben voran zu kommen. Deshalb sagen wir:

> *Das Problem ist nicht das Problem. Deine Beziehung zu dem „Problem" ist das Problem (oder die Lösung).*

Und     *Die angestrebte Lösung wird zum Problem.*

> *Das Problem ist eine unintegrierte Ressource für die Lösung.*

Damit wir das besser verstehen, wollen wir zunächst zu unserem Zwei-Ebenen-Modell der Erfahrungswirklichkeit zurückkehren. Hier sehen wir, dass Probleme und Ressourcen genau die gleichen archetypischen Wurzeln haben. CRASH-Beziehungen verwandeln die Wurzel in ein Problem, während COACH-Beziehungen sie zu menschlichen Ressourcen reifen lassen.

# Das Zwei-Ebenen-Modell der Erfahrung

Unser erstes Zuhause ist das Quantenfeld des kollektiven Bewusstseins. Dieses Feld enthält die Ahnengeschichte in Form von *archetypischen Mustern* zur Gestaltung von Menschenleben. Jedes archetypische Muster ist eine holografische Darstellung von unzähligen Möglichkeiten, wie ein bedeutendes Menschheitsproblem gemeistert wurde. (Mit holografisch meinen wir, dass es kein festes, isoliertes Bild gibt, sondern eine Spektralkarte, die alle möglichen Formen des Musters enthält.) Im Generativen Coaching betonen wir besonders die drei archetypischen Muster: *Zärtlichkeit*, *Wildheit* und *Verspieltheit*.

Bei alltäglichen Aufgaben, wenn du nur zu wiederholen brauchst, was du schon einmal getan hast, ist diese Hauptebene nicht besonders aktiv. Wenn du aber vor einer Herausforderung stehst, die eine neue kreative Antwort erfordert, öffnet dein somatisches Zentrum das Tor zum kreativen Unbewussten. Durch diese Kanäle strömen überlieferte Muster und Energien, *die dir helfen, diese Herausforderung zu meistern. Diese Erfahrungen kommen nicht aus deinem individuellen Verstand, sondern aus dem tieferen kollektiven Bewusstsein. Dies ist die erste Ebene der Kreativität oder Schöpferkraft, der „kleine Kreis".*

Diese Grundenergien sind nicht komplett menschlich. Es handelt sich um tiefe Strukturen, die auf unendlich viele Weisen ausgestaltet werden können und so völlige kreative Freiheit ermöglichen. Die menschliche

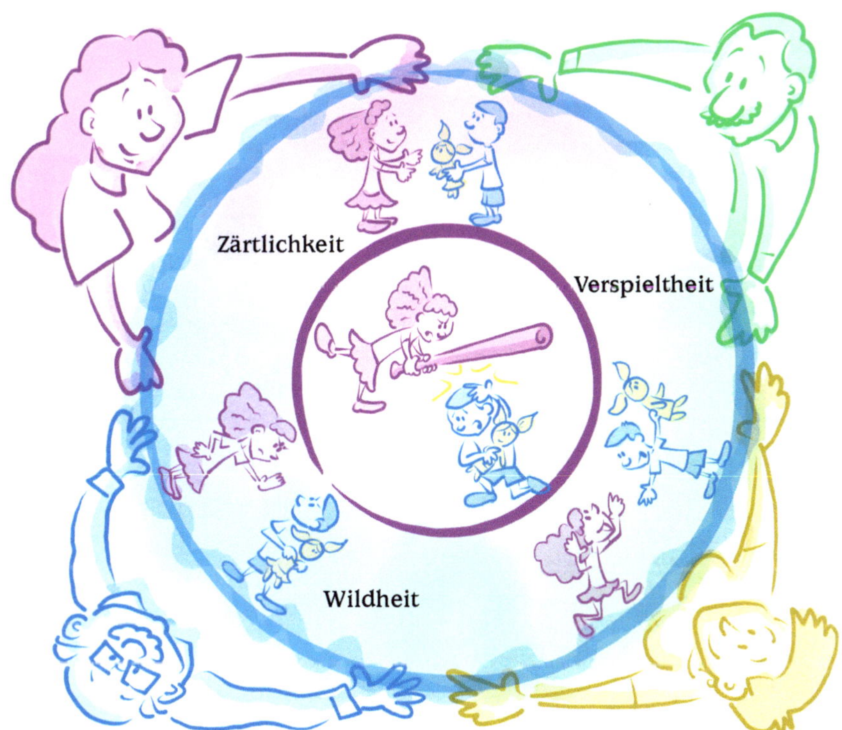



**Erwachsene in Familien und Gesellschaft bilden das „Bewusstsein" des Kindes.**

Beziehung zu diesen archetypischen Mustern verleiht ihnen ihre spezifische Form und Bedeutung. *Dies ist die zweite Ebene der schöpferischen Realität, der „große Kreis".*

Vielleicht ist dies am leichtesten bei Kindern zu verstehen. Sie sind ganz eindeutig mit dem archetypischen Feld der unendlichen Möglichkeiten verbunden. Das Leben fließt durch sie hindurch, und jeder Moment bringt eine andere Erfahrung mit sich. Als meine Tochter klein war, sagten die Leute: *Sie ist so süß!* Ich antwortete: *Ja, das ist sie und noch viel, viel mehr.* Kleine Kinder erleben jede Erfahrung auf der Welt mindestens zweimal am Tag; kein Wunder, dass sie nachts so tief schlafen!

Doch aus erwachsener Sicht sind Kinder unvollkommen. Sie haben keinen sozial-kognitiven Verstand, der ihre unglaublichen Energien formt und ihnen Sinn gibt. Deshalb bilden die Familie und die Gesellschaft Erwachsener den „bewussten Geist" des Kindes. Eine alte Idee aus dem Existenzialismus besagt: *Das erste Selbstbild entsteht durch das, was von anderen zurückgespiegelt wird.*

Stell dir zum Beispiel die Reaktion eines kleinen Mädchens vor, dem sein Freund das Spielzeug weggenommen hatte, indem es ihm mit einem Schlagholz auf den Kopf schlug. (Ich bilde mir das nicht ein, ich erinnere mich daran!) In einer idealen Welt, könnten die Eltern sagen: *Die Macht ist stark in ihr! Doch es braucht etwas Hilfe, um die Wildheit zu zähmen.* Dann würde man mit dem Kind so arbeiten, dass die Wildheit gewürdigt wird, und ihm gleichzeitig helfen, sie sinnvoller auszudrücken. So würde durch die COACH-Beziehung ein archetypisches Muster zu einer guten menschlichen Ressource.

Doch stell dir vor, wie das Mädchen angeschrien wurde, als sie den Schläger schwang, und man ihr sagte, das nette Mädchen niemals wütend werden und sie warnte, *so etwas niemals wieder zu tun.* Sie geht in einen CRASH, der die archetypische Wildheit in eine grausame negative Erfahrung verwandelt, die im Keller eingesperrt werden muss. Sie wird ein „braves Mädchen", chronisch freundlich und verträglich. Unterdessen fühlt sie sich innerlich tot und leer, abgeschnitten von ihrem Seelenfeuer.

Irgendwann rührt sich dann etwas. Sie fühlt sie sich beispielsweise zur investigativen Journalistin berufen; einem Job, bei dem man viel Wildheit braucht. Sie spricht ihre positive Intention aus:
*Ich will wirklich so eine großartige Journalistin werden.*

Und sofort erscheint ihr Hindernis: *Aber ich breche ein, wenn ich die Leute auf ihren Bockmist ansprechen soll.*

Doch anstatt sich davon zu distanzieren, verzehrt es sie: *Aber wenn ich merke, dass jemand lügt, gehe ich in die Luft und werde zur Furie.*

Das Zwei-Ebenen-Modell lässt uns das „Problem" als eine *notwendige Ressource* erkennen, die unter dem Fluch eines Menschen steht. Für die Journalistin enthält das Problem eine positive Wildheit, die für ein großes Engagement und für andere Kompetenzen eines „guten Kriegers" notwendig ist, um gesunde Grenzen zu setzen und die Wahrheit zu sagen. *Deshalb wird das Problem aktiviert, wenn Wildheit gebraucht wird.* Da sie jedoch als negativ konditionierte Version erscheint, wird sie als schlechte Erfahrung abgelehnt. Und die darauf folgende negative Reaktion macht es unwissentlich erneut zu einem Problem. Im GC versuchen wir kreativ mit „solchen Problemen" umzugehen, so dass sie zu Ressourcen werden.

# Vier Kompetenzen zur Verarbeitung negativer Erfahrungen

Wir wollen nun vier notwendige Kompetenzen untersuchen, um negative „Probleme" in positive Ressourcen zu verwandeln.

1. Verbindung mit einem COACH State.

2. Vermenschlichung negativer Erfahrungen

3. Beziehungsorientierte „Mantras„

4. Vernetzung positiver Ressourcen

## *1. Verbindung mit einem COACH State:*

Die erste Regel im GC lautet: *Generativität (Schöpferkraft) braucht einen COACH State.* Eine schwierige Erfahrung wird zu einem unlösbaren Problem, wenn sie im CRASH Zustand erlebt und gehalten wird. Die Journalistin, die sich um eine integrierte Wildheit bemühte, geriet immer wieder in CRASH, sobald sie damit in Berührung kam. Es war wie eine verbotene Frucht. Man konnte es ihrem Körper ansehen – gehemmte Atmung, verkrampfte Schultern, glasige Augen  und man konnte es in ihren Worten hören: *Ich muss dieses Problem überwinden; ich muss aufhören, so zu sein.* Diese Feindseligkeit gegenüber der eigenen Erfahrung ist es, die sie zu einem schrecklichen Problem macht. Ich empfehle meinen Klient:innen: *Behandeln Sie sich selbst wie einen Hund. (Braver Junge! Braves Mädchen! Komm kuscheln.)* Denn man weiß ja, bei Säugetieren geht es vor allem um Gefälligkeiten und die nonverbale Verbindung.

Im generativen Coaching entwickelt zuerst der Coach den eigenen COACH State. Wir gehen davon aus, dass, wenn ein/e Klient:in in CRASH gerät, dieser bei uns gleichzeitig aktiviert wird; unsere Spiegelneuronen machen Überstunden. Indem wir dies erkennen und in den COACH State wechseln, modellieren wir, worum wir die Klient:in bitten.

Der Journalistin half ich aus meiner COACH Verbindung heraus, ihre eigene zu finden. Es war: *Mädchen im Fußball trainieren*. Dies konnten wir als stabile Basis nutzen, um die ungezähmte Wildheit zu einer „Teezeremonie" einzuladen, was zu einer generativen Heilung führte.

## 2. Vermenschlichung negativer Erfahrungen

Normalerweise sprechen wir von dem „negativbesetzten Es", wenn wir über unsere „Probleme" reden: *Ich will „es" einfach nur loswerden. „Es" ist so entsetzlich. Ich muss etwas dagegen machen.*

Diese entmenschlichende Sprache bildet die Grundlage für Gewalt: Die meisten Menschen, die gewalttätig werden, stellen zuerst „das Andere" als unmenschliches Monster oder Bedrohung dar. Leider wird diese Sprache meist dazu verwendet, um belastende „außerhalb des Egos"-liegende Erfahrungen zu beschreiben. Bezeichnungen wie „Depression", „Panik" und „Zwänge" erwecken nicht gerade Respekt und Mitgefühl, also genau das, was für eine Transformation gebraucht wird. Generativer Wandel erfordert eine Sprache, die das „vermenschlicht", was als das negative Fremde wahrgenommen wird. Es gibt drei einfache Wege, um dies zu tun: 1.) Heimat und Schutz bieten;
2.) menschliche Personalpronomen verwenden;
3.) das Alter erspüren.

### Heimat und Schutz bieten

Eine vermenschlichende Frage ist: Wo lebt das (in deinem Körper)? Wenn man heimatlos ist, wird es schwer generativ zu sein.

*Wo in deinem Körper fühlst du die Präsenz deiner Panik? Wann fühlst du dich depressiv, wo fühlst du ihr Zentrum in deinem Körper?*

Oft stoßen diese Fragen auf Verwunderung:

*Ich weiß nicht … Überall … Es ist einfach da.*

Indem wir Menschen behutsam helfen, einen COACH State zu finden, können wir ihnen helfen, den *gefühlten Sitz* der Erfahrung zu finden und ihr Schutz zu bieten. Dabei werden die Personen geerdeter und menschlicher. Sie beginnen eine differenzierte Beziehung mit diesem *Anderssein*:

*Oh, ich bin hier und der andere Teil von mir lebt dort in meiner Brust …*

Das ist keine Dissoziation, sondern eine positive Differenzierung. Nur wenn die Teile differenziert voneinander wahrgenommen werden, ist eine tiefere Integration möglich. Manchmal sagen wir: *Lade das Hindernis zur Teezeremonie ein.*

## Menschliche Personalpronomen verwenden

Die zweite Art, negative Andersartigkeit zu vermenschlichen, geht über die Personalpronomen: Wir sagen eher „er" oder „sie" oder nutzen Pronomen dafür anstatt „Es".

*Es gibt also eine Präsenz in dir, die voller Wut ist.*

Oder:

*„Sie" ist voller Panik.*

Manchmal wundern sich die Klient:innen, was das wohl bedeutet:

*Nun, mir ist klar, das sich das ein wenig seltsam anhören mag. Aber wir stehen hier vor der Frage, wie man am effektivsten mit diesem hartnäckigen (Problem) umgeht, mit dem Sie sich abplagen. Einerseits kann man es als schreckliches, idiotisches Ding abtun, das mit allen Mitteln bekämpft werden muss. Und wenn ich Sie richtig verstehe, dann haben Sie das schon versucht. Ohne Erfolg.*

*Oder wir können anfangen, über diese tief liegende Präsenz, die Ihnen überall hin folgt, nachzudenken, … (einfühlsam) und sie als einen Teil von Ihnen anerkennen, der eine Verbindung benötigt, … um dazu zu gehören.*

Wenn man es geschickt anstellt, kann ein solches Gespräch die entscheidende Wende herbeiführen: Es erlaubt der Person eine respektvolle und neugierige Beziehung mit dieser Andersartigkeit einzugehen, die so tief im Verborgenen in ihr schlummert. Dadurch entsteht die Transformation.

## Das Alter erspüren

Die dritte humanisierende Sprachform ist die Frage nach dem Alter der Präsenz, mit der die schwierige Emotion oder das Gefühl verbunden ist:

> *Wenn du mit diesem Ort der Traurigkeit Kontakt aufnimmst und die Verbindung spüren kannst, möchte ich dich einladen, dir einfach eine Zahl einfallen zu lassen, die für das Alter dieses Gefühls steht. Versuch nicht, darüber nachzudenken, lass es einfach geschehen.*

Oft sind die Menschen ganz überrascht, welche Zahl ihnen einfällt:

Klientin: (Hält inne) … 6… (Es sieht aus, als wäre ein Gefühl betroffen.)

Coach:  *Wenn du dich nun auf diese Traurigkeit einstimmst, taucht das Alter von 6 auf. Das ist interessant. Und welcher Teil von dir auch immer damit verbunden ist, ich möchte ihm einfach sagen: Willkommen!*

Der Punkt ist hier, die Person nicht in das Kindesalter regredieren zu lassen. Im Gegenteil, es darum, jegliche nicht integrierten „Teile" oder „Ego-Zustände" willkommen zu heißen, die aktiviert werden, wenn die Person mit den benötigten Ressourcen Kontakt aufnimmt.

Wenn man dann ihr unterschiedliches Alter erspürt, kann man es von seinem gegenwärtigen (kompetenten) Selbst differenzieren:

> *Ich bin 40 Jahre alt und dieser andere Teil von mir, der in Panik verfällt, ist oft um die sechs Jahre. Sie ist ein Teil von mir, aber nicht mein innerstes Selbst. Entweder lade ich sie ein, an all den Ressourcen teilzuhaben, die mein gegenwärtiges Selbst zur Verfügung hat, oder wir beide fallen zurück in dieses Höllenloch meiner Vergangenheit. Hmm, ich frage mich, was wohl die bessere Wahl für mich ist?*

So lernen Klient:innen, nicht zu regredieren, wenn alte Muster aktiviert werden. Sie nehmen sie als Signal, „sie willkommen zu heißen" und zu den hartverdienten Kompetenzen und Verbindungen ihres gegenwärtigen Selbst „einzuladen".

Diese zentrale Ressource ist von ihrer früheren negativen Basis losgelöst und mit der reiferen positiven Basis der Gegenwart verbunden. Dies gehört zu den grundlegendsten Veränderungen, um negative Erfahrungen zu transformieren. Jung pflegte zu sagen: *Die erste Hälfte deines Lebens gehört anderen Menschen, die zweite gehört dir.*

## 3. Die vier beziehungsorientierten Mantras

In GC Band 1 haben wir besprochen, wie nicht integrierte Hindernisse mit Hilfe der vier „Beziehungsorientierten Mantras" wohlwollend in die menschliche Gemeinschaft aufgenommen werden:

*1. Das ist interessant …*     *2. Ich bin sicher, das macht Sinn …*

*3. Etwas versucht aufzuwachen (will gehört, gehalten oder geheilt werden)*     *4. Willkommen!*

Natürlich ist es besonders wichtig, wie diese Aussagen nonverbal zum Ausdruck gebracht werden. Es sind keine Klischees, die mechanisch nachgeplappert werden sollen, sondern authentische Ausdrücke der menschlichen Wertschätzung. Wir wollen jede Erfahrung aufrichtig in der menschlichen Gemeinschaft der positiven Wertschätzung und Akzeptanz willkommen heißen. Später werden wir noch weitere Arten kennenlernen, um diese „Mantras" geschickt einzusetzen.

# 4. Vernetzung positiver Ressourcen

Anhaltendes Leiden spiegelt die Isolation oder „funktionale Dissoziation" eines Persönlichkeitsanteils vom größeren Ganzen wider. Hartnäckige Probleme haben selbstblockierende Eigenschaften: Werden sie aktiviert, verschwindet alles andere, und man ist in dieser „CRASH-Hölle" gefangen. Du kannst es bei Klient:innen sehen und als Coach in dir selbst erleben: Wird eine nicht integrierte Wunde aktiviert, beginnt ein Sog, dich in einen negativen Strudel zu ziehen. Die Angst, „verschluckt" zu werden, hält Menschen davon ab, solche Erfahrungen zu begrüßen. Deshalb sorgen wir dafür, dass das Coaching-Gespräch mit positiven Ressourcen gefüllt ist, um Klient:innen zu helfen, „mit einer negativen Erfahrung zu sein, ohne sich mit ihr zu identifizieren".

Deshalb wird die Transformation von Hindernissen als fünfter der sechs Schritte aufgelistet. Wir wollen mit Ressourcen und positiven Verbindungen beginnen, um die CRASH-Erfahrungen darin aufnehmen zu können. Obwohl Hindernisse oft lange vor dem fünften Schritt auftauchen, haben wir dennoch erkannt, dass zuerst die Verbindung zu den Ressourcen bestehen muss, um Hindernisse in einer wohlwollenden, menschlichen Gemeinschaft aufnehmen und unterstützen zu können.

Mit COACH Ressourcen und Verbindungen arbeiten wir vorsichtig mit dem verletzten Selbst. Wir gehen davon aus, dass ein CRASH jederzeit eintreten kann und sind darauf vorbereitet – manchmal mitten im Satz – die Aufmerksamkeit auf eine Ressource zu lenken. Wenn wir Transformation als Wiedereinbinden eines abgetrennten Teils in das Mosaik des COACH-Feldes begreifen, kann alles gut werden.

## Den Fokus auf die Beziehung legen

Es gibt eine weitere Methode, auf die wir hier eingehen wollen. Wir nennen sie *Beziehungsfokussierung*. Sie wurde von der Arbeit von Eugene Gendlin (1978) an der Universität zu Chicago beeinflusst. Gendlin fand heraus, dass nachhaltige kreative Veränderung nur dann eintrat, wenn der kognitive, verbale Verstand einer Person mit der somatischen Resonanz ihres Körpers verbunden war. Mit anderen Worten: Losgelöstes Denken oder Sprechen hat nur geringe Kraft. Aber Worte, die den Körper berühren, sind eine Gewinnerkombination. Deshalb verwenden wir im Generativen Coaching die sogenannte ***kognitive/somatische Cross-over Frage***:

> *Während du das sagst (oder denkst), nimm dir einen Augenblick Zeit, um zu spüren, wie es sich in deinem Körper anfühlt.*

Wir halten hier Ausschau nach dem, was Gendlin als ***felt sense – gefühlte Empfindung*** oder ***Sinneseindruck*** bezeichnete. Es handelt sich nicht um eine muskelblockierende Emotion, es ist eine Resonanz im Quantenstrom, der durch das somatische Zentrum fließt; jeder Moment, eine ständig wechselnde Offenbarung des subtilen Wissens. Gendlin entwickelte einen Ansatz, der *Focusing* genannt wird. Hierbei stimmt man sich auf den *Sinneseindruck* ein, um generative Lösungen zu entfalten. Bei dieser Methode bildet der individuelle Verstand eine Partnerschaft mit der weisen Intelligenz der Vorfahren. Wir brauchen diese tiefere Intelligenz ebenso, wie sie uns braucht.

In Gendlins Version lag der Schwerpunkt nur auf dem somatischen Sinneseindruck der Klient:in. Im generativen Coaching finden wir noch tiefgründigere Ergebnisse durch die ***Beziehungsfokussierung*** auf die somatischen Zentren von Klient:in und Coach. Du „verschmilzt" nicht mit deinem Klienten; im Gegenteil, wenn sowohl der Fokus des Klienten als auch der des Coaches auf ihren eigenen Zentren liegen, während sie sich in limbischer Resonanz befinden, ist eine viel bessere Differenzierung möglich, wie bei zwei darstellenden Künstlern, die die generative Gleichung von 1 + 1 = 3 erfüllen.

Genauso wichtig ist es, dass du „direkt zur Quelle" gehst. Milton Erickson pflegte zu sagen, dass eine *Neurose die Unfähigkeit ist, direkt zu sprechen*. Mit anderen Worten: Wenn du in einem Problemzustand feststeckst, spiegeln deine kognitiven Landkarten deine tieferen somatischen Wahrheiten nicht kongruent wider. Um die schöpferische Kraft zu aktivieren, müssen die beiden Ebenen in Einklang gebracht werden. Das wollen wir mit der beziehungsorientierten Zentrierung erreichen. Wir lenken die Aufmerksamkeit von den verbalen Aussagen „oben" auf das, was „unten" in den somatischen Zentren berührt wird, und sehen dann, ob wir „die Fahrstühle zwischen oben und unten" zum Laufen bringen.

Es gibt viele Wege zur Beziehungsfokussierung. Manchmal schlage ich einer Klient:in als Übung in somatischem Zentrieren und Zuhören folgendes vor: Wir nehmen uns ein paar Augenblicke, um anzukommen und ruhig zu werden. Dann erkläre ich, dass ich mit geschlossenen Augen beginnen. Anstatt zu versuchen, die Worte zu verstehen, höre ich einfach zu und spüre nach, was in meinem Zentrum berührt wird und ob irgendwelche inneren Bilder auftauchen. Viele Menschen lernen daraus sehr viel: Wenn sie wirklich etwas verstehen wollen, können sie ihre Augen schließen und einfach „der Musik zuhören". Die meisten Menschen haben nie die Erlaubnis oder die Ermutigung dazu erhalten, und zahlen einen hohen Preis dafür.

Während die Klient:in spricht, berühre ich mit meiner Hand mein somatisches Zentrum, wo immer es zu schwingen beginnt. Dies wird zum integralen Bestandteil meines professionellen Verstandes; es fühlt sich an, als hätte sich eine weitere Präsenz zu mir gesellt. Ich stelle mir vor, dass sich jeder in einem kreativen Zustand so fühlt. Dann öffne ich behutsam meine Augen und bleibe mit meinem Zentrum verbunden, während ich die Klient:in bitte, innezuhalten und in sich hinein zu spüren und sich mit ihren Sinneseindrücken zu verbinden. Sobald sie diese findet, bitte ich sie weiter zu sprechen, *aber nur so, dass die Resonanz in ihrem Zentrum erhalten bleibt.* Wenn du dein Zentrum nicht fühlen kannst, dann hör auf, nachzudenken oder etwas zu tun, bist du es wieder kannst. Auch hier gilt: Bewusste Leistung ist nur dann kreativ, wenn sie mit einem somatischen Sinneseindruck verbunden ist.

Diese direkte Verbindung zu den Sinneseindrücken ermöglicht ein Verständnis, das du dir nie hättest vorstellen können, wenn das Gespräch nur „oben" geblieben wäre. Dies ist besonders hilfreich, wenn du spürst, dass etwas passiert, das du nicht genau begreifen kannst. Ich verwende das oft, wenn ich Klient:innen zuhöre, die über ihre Situation sprechen,

um zu prüfen, ob das, was ich „oben" höre, mit dem übereinstimmt, was ich „unten" wahrnehme. Manchmal scheint es so, dass eine Technik, basierend auf deinem Verständnis für die Dinge, Wirkung zeigen *sollte*, was aber nicht der Fall ist. Ein anderes Mal verlässt die Klient:in das Büro so begeistert, dass sie scheinbar eine tiefgreifende Veränderung herbeigeführt hat, aber danach passiert nichts mehr. Oder im Gespräch stellt sich ein seltsames Gefühl ein, als wenn Nebel herabzieht, Bilder oder Gesichter verschwimmen oder sich die Temperatur oder das Licht verändern.

All das lässt dich ahnen, dass etwas „hinter den Kulissen" vor sich geht. Denke daran, das ist etwas Gutes: Die Aktivierung von Erfahrungen „außerhalb der Ego-Kiste" sind Zeichen dafür, dass das kreative Unbewusste versucht, eine Ressource hervorzubringen, um mit irgendeiner Herausforderung umzugehen. Doch nur, wenn die menschliche Präsenz diesen Energien positiv begegnet, können daraus Ressourcen werden. Beziehungsfokussierung kann wirklich dabei helfen. Es lässt dich unterhalb des „sozialen Geplänkels" sinken und direkt bemerken, was durchkommen möchte.

Was dann kommt, ist oft sehr überraschend und hat nichts damit zu tun, was oben passiert. Es kann so wirken, als würde eine Person etwas Wichtiges ansprechen, aber du fühlst dich seltsamerweise nicht berührt. Oder während ihr über ein scheinbar harmloses Thema sprecht, spürst du eine tiefe Traurigkeit oder Taubheit. Manchmal bringt das somatische Fokussieren seltsame Bilder hervor – in den letzten Sitzungen waren es Bilder von einem brennenden Haus, einem uralten Baum in der Wüste, einem weinenden Baby und einer Frau, die Feuer spuckt.

Man darf diese Sinneseindrücke oder symbolischen Bilder nicht wörtlich nehmen oder für „wahr" halten. Gendlin beschrieb sie als Symbole, die vielschichtige, gegensätzliche Bedeutungen beinhalten, von denen einige nicht explizit ausgesprochen werden können. Das ist die Sprache der kreativen Bewusstheit. Das Wichtige ist, wahrzunehmen, dass „etwas zu erwachen versucht" und dass du deine Eindrücke mit den Klient:innen so ansprichst, dass sie ihre eigenen empfinden können. Damit beginnt die Unterhaltung in der Beziehungsfokussierung, in der jedes Wort, jeder Laut, jede Bewegung als Wellen und Schimmern im eigenen Bewusstsein empfunden wird. Das ist ein fruchtbarer Boden für tiefgreifende Veränderung.

# Fallbeispiel zur Verdeutlichung

Schauen wir uns ein Fallbeispiel an, in dem viele Techniken aus diesem Kapitel miteinander vernetzt werden. Diana arbeitete als HR-Managerin für ein IT-Unternehmen. Sie war 48 Jahre alt, verheiratet und hatte zwei Kinder. In der ersten Sitzung sprach sie darüber, wie sehr sie ihre Arbeit liebte, die sich darauf konzentrierte, jungen „angehenden Stars" in Führungspositionen bei „Kommunikationsproblemen" zu helfen. Sie erklärte, dass sie bei manchen Gesprächen mit ihnen „vom Stress überwältigt" würde und danach sehr selbstkritisch sei. Ihr Ziel sei es, in solchen Gesprächen gut abzuschneiden.

Diana wirkte sehr sympathisch, charmant und intelligent. Sie lächelte fast immer und sprach sehr schnell. Es überraschte nicht, dass es ihr schwer fiel, eine tiefe Verbindung zu einem COACH-Zustand aufzubauen. Sie konnte eine Reihe positiver Zustände des Wohlbefindens benennen – zum Beispiel Strandspaziergänge und Kochen – und positive Ressourcen, wie ihre beiden geliebten Wolfshunde und ihre Frauengemeinschaft. Aber als ich sie coachte, sich in einen dieser Zustände zu versetzen, fiel es ihr schwer, sich vollständig zu entspannen.

Ähnlich unklar war ihr ihre positive Intention. Sie wollte wirklich gut bei ihren Klient:innen abschneiden, aber ... während der Gespräche brach sie oft plötzlich zusammen. Es schien klar zu sein, dass ein gewisser Stress in ihrem Körper aktiviert wurde, wenn sie über ihre Arbeit sprach, aber es war schwierig für sie, verbal darüber zu sprechen. Daher war es vielleicht nicht der beste Weg war, sich über den verbalen Kanal mit den somatischen Blockaden zu verbinden. Also schlug ich ein kleines Experiment mit Beziehungsfokussierung vor, dem sie zustimmte.

S: *Diana, als du von deinem Ziel gesprochen hast, habe ich bemerkt, dass sich deine Schultern verspannten, und du hast gelächelt und schneller gesprochen. Was ist mit dir? Was hast du bemerkt?*

D: *Ja. Ich fange an, mich irgendwie verspannt zu fühlen … fühle mich überfordert … aber ich weiß nicht, woran das liegt.*

S: *Nun, ich möchte, dass wir ein kleines Experiment machen. Das ist die sogenannte* **somatische Fokussierung**. *Ich werde dich bitten, ein paar Minuten über dein Ziel zu sprechen und ich werde mich mit geschlossenen Augen versenken, um ein Gefühl dafür zu bekommen, was mich innerlich berührt, aber womöglich dich auch. Ist das okay für dich?*

(Diana nickt.)

S: *Großartig. Dann nehmen wir uns einen Augenblick Zeit … für uns beide, nur um langsamer zu werden … zu atmen …* (die Stimme wird sanfter, schwingend) *… und lass uns unsere eigene Version finden, von dem, was ich als COACH State bezeichne … Zentriert … Offen … Aufmerksam … Verbunden … Gastfreundlich … Vielleicht denkst du an deine Hunde … an den Spaziergang am Strand … Und ich verwende meine eigene Art … und dann, wenn du bereit bist, kannst du deine Augen öffnen …* (Diana öffnet ihre Augen.) *… Fahr einfach fort und sprich über dein heutiges Ziel … und während du sprichst, höre ich einfach auf zentrierte Weise auf das, was mich berührt.* (Atmet tief durch und schließt seine Augen.)

D: (Diana spricht wieder über ihr Ziel. Steves Augen sind geschlossen … nach einer Weile berührt er mit einer Hand seine Herzgegend. Nach weiteren 20 Sekunden oder so führt er, während er zentriert und vertieft bleibt, eine geballte Hand zu seiner Bauchgegend. Er nickt langsam mit dem Kopf und hört weiter zu.)

**S:** (Öffnet die Augen.) *Und Diana, lass uns innehalten … und atmen und nachspüren, was im Körper vor sich geht. Ich habe zuerst bemerkt, wie warmherzig und liebenswürdig du als Profi bist, in deinem sozialen Auftreten …* (zeigt sanft auf Dianas Gesicht) *… und dann, als ich dem zuhörte, fühlte ich eine Art übergroße Angst in meiner Brust …* (berührt sanft das Herz) *… und dann* (lächelt und ballt die Faust vor seinem Bauch) *… fühlte ich diese kalte, dunkle Präsenz hier unten … Interessant, nicht wahr? Ich frage mich, was du in deinem Körper bemerkt hast, als du über das Ziel gesprochen hast?*

**D:** *Nun, ich kann nachvollziehen, was du über meine „Nettigkeit" sagst. Die Leute sagen das oft über mich … Und sie machen Kommentare, wie ich immer zu lächeln scheine …*

**S:** *Ja, ich sehe diese Nettigkeit, die Fürsorge und die positive Präsenz in deinem Gesicht … Das tut gut zu sehen und zu fühlen … Und wie geht es deinem Herzen und der Brust?* (Steve berührt sein Herz, zeigt zu Dianas.)

**D:** *Nun, das ist irgendwie irritierend. Manchmal auf der Arbeit, besonders mit diesen jungen Senkrechtstartern, die ziemlich von sich eingenommen sind …, fühle ich diese Angst hochkommen …* (berührt ihre Brust) *… und ich ermahne mich, einfach zu entspannen … aber das funktioniert nicht …*

**S:** (Nickt.) *Ja, das verstehe ich … Nun, wenn du versuchst, diese „Nettigkeit" deinen Klient:innen gegenüber zu zeigen* (zeigt behutsam auf ihren Kopf) *… geschieht etwas hier* (zeigt auf ihr Herz) *… und da ist diese sehr intensive Angst …*

**D:** (Nickt, schaut perplex) …

**S:** (Berührt mit der Hand seine Brust) *Ja, ich fühle das … wirklich großartig, dass diese innere Ressource aktiv wird …* (lächelt) *… Lass uns langsamer werden und ein paar tiefe Atemzüge nehmen. Und ich möchte diesem Ort dieser Anspannung in deiner Brust sagen:* **Willkommen!** (Lächelt, winkt behutsam.) **Willkommen!**

**D:** (Diana lächelt, nickt, entspannt sich)

**S:** *Und nimm einfach wahr, was mit dem Gefühl in deiner Brust passiert, wenn ich das sage?*

**D:** *Die Energie kommt zu meinen Füßen zurück, ich kann meine Füße fühlen, und die Atmung geht tiefer, und das (zeigt auf die Brust) ist kein Sturm mehr. Das Gefühl hat sich verändert, von kalt nach warm…*

**S:** *Ist das nicht interessant? Wenn du positive Unterstützung anbietest und eine Beziehung zu der Präsenz in deiner Brust eingehst, beginnt sie sich zu entspannen und deine Wärme kehrt zurück?*

**D:** (Entspannt sich, atmet tiefer, nickt.)

**S:** *Nun, es klingt so, als hätten wir bisher zwei verschiedene Teile von dir erkannt, die in diesen beruflichen Gesprächen aktiviert werden. Du hast die beruflichen Fähigkeiten und die Fürsorge „oben“ (zeigt auf Dianas Gesicht)… Das ist gut zu wissen… Und wenn du auf diese Herausforderungen stößt, dann wird ein zweiter „Teil von dir“ aktiviert, die Verletzlichkeit im Herzen. Das ist ebenso gut zu wissen.*

**D:** (Nickt) *Ich glaube, sie ist ständig da (berührt ihr Herz)… Aus irgendeinem Grund, erstarrt es manchmal und fühlt sich überwältigt.*

**S:** *Ja klar… Diese Ressource in deinem Herzen ist immer da … Und manchmal, wenn das Gespräch eine seltsame Dynamik annimmt, beginnt es sich zu verschließen (berührt das Herz) …*

**D:** (Nickt, sieht zart aus.)

**S:** *Ich bin sicher, das macht Sinn. Und dann, wenn ich richtig wahrnehme, beginnt sich an irgendeinem Punkt ein dritter Teil zu melden (berührt mit der Faust seinen Bauch)… als ich zuhörte, fühlte ich diese intensive Wildheit von rotem Feuer… irgendetwas oder irgendjemand mit dem man nicht aneinander geraten will… in deinem Bauch. (Lächelt) Und diese Präsenz heiße ich ebenso:* **Willkommen! Willkommen!**

*Ich bin sicher, dass du eine sehr wichtige Ressource mitbringst. Willkommen! Und was wird dir bewusst, wenn du mich dies sagen hörst?*

D: *Ich fange an, gereizt zu reagieren.* (Hände und Kiefer verkrampfen sich, die Stimme klingt fast wie ein Knurren.)

S: *Wow, das ist interessant!* (Beide lachen ein wenig) *Findest du das nicht interessant?* (Steve knurrt, als ob er ärgerlich ist) *Willkommen!*

D: *Das ist interessant, aber ich finde das nicht lustig.*

S: *Ich sehe das, ich fühle das. Also zu dieser Präsenz in dir* (zeigt auf den Bauch), *sage ich auch:* **Willkommen.** *Es ist wirklich interessant, dass jedes Mal, wenn du dich irgendwie unsicher fühlst, diese Präsenz plötzlich auftaucht …*

D: *Ja, ich glaube, du hast Recht …*

S: *Also eine Art „Bullshit-Detektor" oder „Protektor" wird aktiviert* (winkt) **Hi!**

*Ich möchte dich gern dabei unterstützen zu verstehen, welcher Art deine neue Beziehung zu diesem Teil von dir sein kann, wenn du gereizt reagierst. Und übrigens möchte ich noch mitteilen, welche Bilder ich sah, als ich mich auf den Bauch einstimmte … Es war ein brennendes Haus, ein bellender Hund an einer Kette … Ich weiß nicht, was das bedeutet … bin aber neugierig, ob du Bilder bemerkt hast, als du dich mit diesem „gereizten Teil" verbunden hast?*

D: *Nun, das ist sehr merkwürdig, dass du dieses Bild von einem brennenden Haus gesehen hast. Angeblich hat meine Großmutter als Teenager das Haus abgebrannt.*

S: *Wow … was ist mit ihr geschehen?*

D: *Sie wurde katatonisch und kam ins Krankenhaus.*

S: *Wow … du zapfst da wirklich etwas ziemlich Tiefes in deinem Inneren an. Nun, Feuer kann Dinge zerstören, es kann aber auch für viel Licht und Leidenschaft sorgen … Deshalb möchte ich noch einmal zu diesem Ort tief in deinem Bauch Willkommen sagen. Willkommen zu unserem Gespräch.* (Er deutet wieder auf den kreisförmigen Raum. Diana nickt.) *Ich bin mir sicher, dass du etwas sehr Wichtiges einbringst. Und wenn du mich das sagen hörst, was bemerkst du dann?* (Er deutet auf seine Brust.) …

D: *Hier* (zeigt auf ihre Brust) *entspannt es sich. Und für einen Augenblick fühlte ich, als ob du mit mir redest. Es beruhigte sich.*

S: *Ja klar.*

D: *Es ist, als ob ich verstanden werde …*

S: *Ja, das genau wollen wir versuchen. Wir versuchen, den Teil deiner Seele zu berühren … mit menschlichen Augen des Wohlwollens und Verständnisses. Wenn ich richtig verstanden habe, sagst du, dass du, wenn du einen echt guten Zustand bei der Arbeit brauchst, drei verschiedene Teile zur Verfügung hast: 1.) den natürlichen Charme und die Kompetenz deines professionellen Selbst* (zeigt auf den Kopf); *2.) die ungeheure Verletzlichkeit und das zarte Gefühl im Herzen … und 3.) das intensive Feuer und schützende Wildheit deines Bauchgefühls.*

*Wenn diese drei Teile gut miteinander verbunden sind, hast du ein unschlagbares Team. Doch wenn einer davon ausgeschlossen oder angegriffen wird, bekommst du jede Menge Schwierigkeiten. Macht das Sinn?*

D: *Ja auf jeden Fall…*

**Humanisieren negativer Erfahrungen lässt neue Wahlmöglichkeiten zu, um auszudrücken, was wirklich wichtig ist.**

Wir stimmten uns dann weiter auf die einzelnen Teile ein, begrüßten sie positiv im COACH-Zustand und durchliefen dann Prozesse, um eine Ausrichtung zwischen Kopf, Herz und Bauch zu spüren. Diana durchlebte eine ganze Reihe von tiefen integrativen Erfahrungen, während sie die positiven Wurzeln jedes Teils spürte und integrierte. Dann lud ich sie ein, aufzustehen und entlang der Zeitlinie einer Verbindung nach der anderen nachzuspüren. Auf diese Weise wurde jeder Teil als Kernressource etabliert, der immer dann aktiviert wurde, wenn sie diese Ressource brauchte; manchmal gab es eine negative Geschichte, die eine CRASH-Form der Ressource bedingte und negative Beziehungen auslöste; doch sie konnte ihre positiven COACH-Reaktionen sicherstellen, so dass jeder Teil ein integraler Bestandteil ihres generativen Selbst wurde.

# Zusammenfassung

In Schritt 5 heißen wir die unvermeidliche, integrale Präsenz bedeutender negativer Erfahrungen und Verhalten in jedem Lebensbereich willkommen. Ohne diese Herausforderungen wären Lernen und kreative Entwicklung schlichtweg nicht möglich. Das Zwei-Ebenen-Modell versteht jedes Hindernis als Repräsentation einer archetypischen Kernressource, die durch den kollektiven Verstand als Reaktion auf eine Herausforderung aktiviert wurde. Im Grunde genommen hat das Muster das gleiche Potenzial positiv oder negativ zu sein, je nach der Beziehung dazu. Wenn du einer zentralen Herausforderung im CRASH begegnest, erscheint sie als negatives Problem; wenn es dir gelingt, in den COACH State zu wechseln, kann das gleiche Muster zu einer positiven Ressource verwandelt werden.

Dieses Verständnis ermöglicht uns, signifikante negative Erfahrungen, die den kreativen Pfad des Klienten scheinbar blockieren, wohlwollend willkommen zu heißen. Generatives Coaching bietet viele Möglichkeiten diese Hindernisse in kreative Ressourcen zu verwandeln, wenn man die positive menschliche Präsenz geschickt einbringt – durch einen COACH State, vermenschlichende Sprache, Verbinden mit Ressourcen und Raum geben. Wir haben auch gesehen, wie wir manchmal anstatt verbal „oben" zu denken, beziehungsorientiert „unten" spüren müssen, um sich mit den Präsenzen zu verbinden, die in der „Gesprächshypnose" versteckt sind.

Es ist sehr wichtig, dass wir nicht nur die unvermeidliche Präsenz von Hindernissen akzeptieren, sondern uns darauf freuen, uns kreativ mit ihnen zu verbinden. Wir könnten sagen, dass eine zentrale Aussage, der wir im Coaching begegnen, lautet:

> *Ich will X (er-)schaffen, ABER Y (das Hindernis) stört dabei.*

Im Generativen Coaching verändern wir das zu:

> *Wenn ich beginne, X (die Ressource) zu (er-)schaffen, taucht Y auf, um dabei zu helfen.*

Diese grundlegende Veränderung der Repräsentation ermöglicht den bahnbrechenden Übergang von Kampf/Flucht/Erstarren/Flow zum kreativen Fluss, der die Entwicklung neuer Lösungen ermöglicht.

# Negative Erfahrungen transformieren

3) Biete ihnen mensch-
liche Präsenz, um sie
zu verwandeln...

4) ...in Ressourcen

Ich werde nicht an einem ungelebten Leben sterben.

Ich werde nicht in der Angst leben,

zu fallen oder Feuer zu fangen.

Ich entscheide mich, meine Tage zu bewohnen

und meinem Leben zu erlauben, mich zu öffnen,

um weniger ängstlich zu sein

– nahbarer,

um mein Herz zu lösen

bis daraus ein Flügel wird,

eine Fackel, ein Versprechen.

Ich entscheide mich, meine Bedeutung zu riskieren;

so zu leben, dass das, was als Samen zu mir kam

zum Nächsten als Blüte geht

und das, was als Blüte zu mir kam,

als Frucht weitergeht.

~ Dawna Markova

# Kapitel 7

# Schritt 6
# Praktiken zur Vertiefung nachhaltiger Veränderungen

Eine sehr wichtige Erkenntnis aus der psychotherapeutischen Forschung der letzten 60 Jahre ist, dass alle Ansätze in etwa gleich gut funktionieren, mit einer Erfolgsrate von etwa 60 % (Miller, Hubble, Chow und Seidel, 2013). (Dies ist gegen jede Intuition von Praktiker:innen, die ihren Ansatz in der Regel für weit überlegen halten!) Wir sind sicher, dass dies auch für Coaching und ähnliche „Optimierungs"-Ansätze gilt. Auch wenn keine großen Ergebnisunterschiede bei den Ansätzen vorliegen, gibt es bei den Anwender:innen erhebliche Unterschiede. Durchweg erzielen einige bessere Ergebnisse als andere.

Es zeigt sich, dass es drei wesentliche Unterschiede zwischen durchschnittlichen und generativen Anwender:innen gibt. Zunächst einmal erhalten Spitzenkräfte wesentlich mehr Klienten-Feedback auf allen Ebenen. Die Sitzungen verlaufen wirklich kollaborativ, wobei der Klient bei jedem Schritt mit einbezogen wird. Zweitens geben erfolgreiche Coaches häufiger und bereitwilliger Misserfolge zu; sie erkennen, dass alles, was sie anbieten, ein „Vorschlag" ist und sie nicht wirklich wissen, was das Beste für den Klienten ist. Sie stellen fest, dass nicht funktionierende Techniken ebenso hilfreich sind wie die funktionierenden, denn sie geben jedes Mal Feedback darüber, wie die Sitzung gestaltet werden kann, um den einzigartigen Mustern der Klient:in gerecht zu werden. Drittens wollen sich leistungsstarke Praktiker:innen ständig weiterentwickeln. Sie üben konsequent, um sich persönlich und beruflich zu entfalten. Sie sind stets bestrebt, ihren „Vorsprung" zu vergrößern. Dadurch engagieren sie sich nicht nur voll und ganz, sondern dienen als großartiges Modell für ihre Klient:innen, es ihnen gleichzutun.

Der sechste Schritt im GC soll sicherstellen, dass sich das, was in der Sitzung geschieht, in der Welt kreativ niederschlägt. Nachhaltige Veränderung entsteht durch die Verbundenheit mit den zentralen Mustern der Klient:in. In diesem Kapitel wollen wir drei Wege zeigen, wie wir das tun:

1. Feedback in allen Phasen der Arbeit

2. Aufgeben von Hausaufgaben

3. Tägliche Praktiken

## Feedback, Feedback, Feedback

Wenn ich (SG) mit Klient:innen arbeite, habe ich oft ein inneres Mantra: *Touch me, teach me – berühre mich, lehre mich*. Ich will durch den einzigartigen Geist des Klienten berührt und belehrt werden, wie ich am besten sein natürliches Wachstum unterstützen kann. Die zentrale Bedeutung des tiefen Zuhörens kann nicht überbetont werden! Eins der erstaunlichsten Dinge, die ich von Menschen höre, ist, wie oft ihnen als Kinder gesagt wurde, was sie tun sollen, und nur selten gefragt wurden, was sie tun wollen. Dieses „Vater weiß es am besten" setzt sich in den meisten sozialen Institutionen fort. Und dies ist die Hauptursache, dass Innovationsgeist verloren geht und zukunftsfähiges Wachstum zum Scheitern verurteilt ist.

Es gibt im Englischen zwei Begriffe für Lehren: *Instruktion*, was so viel bedeutet wie „reinpacken" und *Education*, was „das herausziehen, was schon da ist" bedeutet. *Instruktion* entspricht der dominanten Tradition. Im generativen Coaching versuchen wir sie durch die Geist-ehrende *Education* zu ersetzen. Wir können nie im Voraus wissen, wie sich der Generative Wandel genau entwickeln wird. Unsere einzige Hoffnung besteht darin, eine Einladung auszusprechen und dann sehr genau auf das Feedback zu achten – verbal oder nonverbal, groß oder klein, positiv oder negativ.

Mit den vier beziehungsorientierten Mantras stimmen wir uns darauf ein, dass etwas erwacht und heißen dann alles willkommen, was auftaucht, vor allem ungebetene Erfahrungen. Und wenn wir eine Technik anwenden, erwarten wir nicht so sehr, dass sie erfolgreich ist, sondern sind neugierig darauf, wie sie die eigene organische Intelligenz der Klient:in stimuliert. Indem wir alles, was geschieht, mit Aikido-ähnlicher Präsenz und Respekt annehmen, entfalten sich Veränderungen natürlich aus dem Inneren des Klienten, wodurch die Nachhaltigkeit am meisten unterstützt wird.

Die folgende Tabelle zeigt die verschiedenen Feedback-Arten, sowohl formelle als auch informelle, die generative Coaches vor, während und nach den Sitzungen anstreben. Vor der ersten Sitzung werden die Klienten gebeten, die Anhänge A und B auszufüllen (wie in Kapitel 1 kurz beschrieben). In Anhang A werden Klienten aufgefordert, allgemeine für die Zusammenarbeit relevante Informationen mitzuteilen – ihren familiären und beruflichen Werdegang, ihre bisherigen Erfahrungen mit Coaching oder verwandten Aktivitäten sowie ihre Ziele, Ressourcen usw. Der Coach liest diese Informationen vor der Sitzung, greift sie in der Regel in der ersten Sitzung auf und bezieht sich in den folgenden Sitzungen immer wieder darauf.

| Feedback von Klienten einholen | |
| --- | --- |
| **Vor der Sitzung**<br>a) Geschäftsordnung<br>b) Lebenslauf (Anhang A)<br>c) Konkrete Ziele: 6 GC „Leistungselemente" (Anhang B) | **Am Ende der Sitzung**<br>a. Kurzes Feedback-Formular (Anhang C)<br>b. Kurze Diskussion/ „Feedforward" mit Hausaufgaben<br>c. (optionales) GC Feedback zu den 6-Elementen |
| **Während der Sitzung**<br>a) Non-verbale Resonanz<br>b) Verbale/non-verbale „Crossover-Fragen"<br>c) Häufige „kleinteilige" Überprüfung (Ist das so?) | **Nach der Sitzung**<br>a. GC 6-Elemente Feedback (Anhang D)<br>b. Beginn der nächsten Sitzung: Reflexionen/ Feedback/Zielsetzung für die nahe Zukunft |

Anhang B konzentriert sich auf die sechs Schritte des GC *Performanceholon*. Das ist der Hauptfokus des Generativen Coaching: Wir versuchen, das Performanceholon der Klient:in herauszufinden und es kreativ zu nutzen. Wenn jeder Aspekt in positiver, miteinander verbundener Weise in Resonanz gehalten wird, ist nachhaltige, generative Veränderung möglich. Mit dem Formular vor der Sitzung wird eine grundlegende Einschätzung möglich. Es zeigt Ressourcen und Muster der Klient:in auf sowie, welche Schwächen gestärkt werden müssen. Die Anwendung von Anhang D nach der Sitzung lässt erkennen, welche Veränderungen passiert sind und was weiterer Aufmerksamkeit bedarf. Wir coachen die Klient:innen darin, die Information des *Performanceholons* zum Steuern und zur Erkenntnis über ihre eigenen generativen Prozesse zu nutzen.

**Während der Sitzung** stimmt sich der Coach intensiv auf die Klient:in ein, um jede subtile Reaktion zu erkennen und sich davon führen zu lassen. Denke daran: Worte sind nur dann generativ, wenn sie somatische Resonanz auslösen. Damit nimmt der generative Coach sowohl die somatischen Reaktionen bei sich als auch bei der Klient:in wahr. Oft stellen wir *kognitive/somatische „Cross-over-Fragen"*:

*Wenn Sie das sagen (hören oder denken),*
*was geschieht dann in Ihrem Körper?*

Diese Frage richtet sich gleichermaßen an den somatischen Verstand der Klient:in und des Coaches.

Wie hier gezeigt, sagt der Coach dann so etwas wie:

*Wenn ich das höre, nehme ich wahr, wie sich mein Körper X anfühlt. Was nehmen Sie wahr, was in Ihrem Körper geschieht?*

Wie im letzten Kapitel beschrieben, erhellt diese Art von „Beziehungsfokussierung" die Beziehung zum Dialog mit der zugrunde liegenden Persönlichkeit. Manchmal ist die Resonanz positiv – wie eine warme Entspannung oder gutherzige Offenheit – was auf eine COACH-Verbindung hinweist. Manchmal ist die Resonanz negativ – wie eine verkrampfte Anspannung oder ein seltsames energetisches Feld – was auf einen nicht verbundenen CRASH-Anteil hinweist, der integriert werden muss. Die CRASH- oder COACH-Reaktionen offenbaren gleichermaßen die Persönlichkeitsanteile, die für einen transformierenden Dialog benötigt werden. Am besten stimmt man sich auf sie ein, indem man eine kontinuierliche nonverbale Verbindung herstellt. Manchmal weist eine negative Resonanz oder sogar ein kaltes, taubes Gefühl auf eine CRASH-Dissoziation hin. Bettler können nicht wählerisch sein: Wir brauchen jede emotionale Resonanz, um eine heilende Mahlzeit zuzubereiten.

Eine letzte Feedbackmöglichkeit erhält man durch einfache Fragen von dieser Sorte:

*Wenn ich Sie richtig verstehe, sagen Sie X. Verstehe ich das richtig? Gibt es noch etwas, was Sie für wichtig halten, um es hinzuzufügen?*

Solche Fragen werden während der gesamten Sitzung gestellt und geben wichtiges Feedback. Dabei brauchen die Auffassungen von Klient:in und Coach nicht immer übereinzustimmen. Unterschiede sind ebenso hilfreich wie Übereinstimmungen, solange der Coach erkennt, dass oft „beides gleichermaßen" generativ wirkt.

**Am Ende der Sitzung** ist ein Klientenfeedback sehr nützlich. Die Forschung zeigt, dass sich allein durch das Ausfüllen eines solchen Formulars die Ergebnisse für den Klienten verbessern, selbst wenn der Coach es nicht liest; vermutlich, weil Klient:innen aufgefordert werden, die Sitzung als ihre eigene Erfahrung zu betrachten (siehe Miller und Hubble, 2011). Sobald der Coach ein solches Feedback liest, wird ein zusätzlicher Ergebnisschub erzielt!

Natürlich gibt es auch nach der Sitzung und vor der nächsten Sitzung ein Feedback (Anhang D). Bei all dem solltest du dich an den Grundsatz des GC erinnern, dass Kreativität immer ein Dialog ist. Generativität liegt weder im einzelnen Klienten noch im einzelnen Coach, sondern in der Feedback-resonanten Verbindung zwischen ihnen. Das ist der Ort, an dem die Magie geschieht!

Wie gesagt, die Coaching-Sitzung schafft *Möglichkeiten*; wirkliche Veränderung geschieht im Nachgang, wenn die Person wieder in ihr normales Leben zurückkehrt. Deshalb sind Hausaufgaben eine unverzichtbare Brücke für den Übergang. Im Folgenden wird eine grundlegende Art gezeigt, wie wir das möglichst gemeinsam mit dem Klienten tun:

*Nachdem wir also diese Arbeit getan und dieses Thema untersucht haben, konnten Sie ein Gefühl dafür entwickeln, was Sie wollen und wissen und welche Schwierigkeiten auftreten können. Dies ist der Ausgangspunkt. Wenn Sie zwei oder drei Dinge herausgreifen sollten, die ihnen wichtig genug sind, um sie ins wirkliche Leben mitzunehmen und fortzuführen ... was steht ganz oben auf der Liste von den Dingen, die es zu bewerkstelligen gilt? Zum Beispiel:*

1. *Was müssen Sie tun?*

2. *Mit wem müssen Sie reden? Über was? Wann?*

3. *An welchen Kompetenzen müssen Sie noch arbeiten, welches Wissen müssen Sie sich aneignen?*

4. *Wozu wollen Sie sich verpflichten?*

# Zielorientierte Hausaufgaben

In diesem Gespräch werden die Klient:innen gebeten, ein paar Dinge zu benennen, zu deren Erledigung sie sich verpflichten. Der Coach achtet darauf, dass die Ziele klar, machbar, relevant und zeitlich festgelegt sind. Die Klient:innen werden gebeten, die Ziele aufzuschreiben und täglich Tagebuch darüber zu führen, was sie in Bezug auf die Ziele, die Ergebnisse und eventuelle Korrekturen getan haben.

In der nächsten Sitzung werden die Tagebücher durchgesehen und besprochen. Bei den Hausaufgaben passiert erwartungsgemäß allerhand. Manchmal erledigen die Klient:innen sie, es läuft ganz gut, und sie lernen viel. Aber manchmal werden die Hausaufgaben nicht erledigt oder nicht einmal begonnen, was eine enorm wichtige Information ist. Daran kannst du erkennen, dass etwas aus dem System der Klient:in nicht in euren Dialog einbezogen wurde. Auch hier ist die Verwendung des 6-teiligen *Performanceholon* hilfreich. Du kannst das folgendermaßen überprüfen:

1. **COACH Feld:** War die Klient:in in der Lage, die positiven Verbindungen zu sich selbst herzustellen, die für jegliche generative Handlung notwendig sind?

2. **Positive Intention:** Ist das Ziel klar?
   Ist die Motivation ausreichend hoch?

3. **Generativer Zustand:** War die Klient:in in der Lage,
   die drei positiven Verbindungen (innere Mitte/ Intention/
   Ressourcen) herzustellen?

4. **Handlungsschritte:** Gab es eine klare Vorstellung vom Plan/
   Verpflichtung zur Umsetzung konkreter Maßnahmen?

5. **Hindernisse:** Welche versteckten Anteile/ CRASH Erfahrungen/
   Ängste blockieren die kreative Aktion?

6. **Tägliche Praxis:** Übt sich die Klient:in in Selbstfürsorge und
   verbindet sich regelmäßig mit sich selbst, damit sich ein
   belastbares Wohlbefinden aufbauen kann?

In vielerlei Hinsicht beginnt hier die eigentliche Arbeit. Es ist nicht schwer, eine Sitzung zu halten, die der Klient mit dem Gefühl verlässt: *„Das war großartig! Jetzt sind meine Probleme völlig verschwunden… Jetzt werde ich für immer glücklich leben!"* Wenn die Fantasie auf die Realität nach der Sitzung trifft, wird klar, was für eine nachhaltige Veränderung geschehen muss.

# Reaktionen auf Verpflichtungen nach der Sitzung

1. *Die Dinge liefen gut, neue Erfahrungen und Ausarbeitungen.*

2. *Ich habe meine Verpflichtungen nicht eingehalten.*

   - *Prüfe deine Motivation*

   - *Du musst die Verpflichtungen priorisieren und die Zeit einteilen.*

   - *„Brich" die Verpflichtungen auf machbare Größen herunter.*

   - *Finde heraus, was vorher noch erledigt werden muss.*

   - *Finde versteckte Einwände/ Hindernisse heraus und arbeite daran.*

   - *Verpflichte dich, täglich deine Ziele zu fokussieren.*

3. *Bei jeder Verpflichtung entsteht ein CRASH, der den Prozess entgleisen lässt.*

4. *Konzentriere dich auf die erfolgreichen Ergebnisse, wenn du Verpflichtungen einhältst, und auf die Misserfolge, wenn du es nicht tust. (Nutze positive und negative Motivation.)*

Manchmal müssen Klient:innen erst ihr Leben umorganisieren, um Platz für sich selbst zu schaffen. Die meisten von uns haben sich ein Leben erschaffen, das von der Verantwortung für alle anderen dominiert wird, nur nicht für uns selbst. Besonders deutlich wird das, wenn wir keine Zeit für die Arbeit an uns selbst finden. Wenn jemand also keine Zeit für die Hausaufgaben hat, kannst du ein wirklich wichtiges Gespräch darüber führen, wie die Prioritäten neu zu ordnen sind, um sich selbst einzubeziehen.

Im ersten *GC Band* haben wir das Beispiel angeführt, wie Flugbegleiter darauf hinweisen, dass im Notfall Sauerstoffmasken herunterfallen. Dann instruieren sie dich immer wieder, dir die Maske zuerst selbst aufzusetzen, bevor du versuchst, anderen zu helfen. Auf den gleichen Punkt legen wir bei unseren Klienten Wert. Wir müssen uns zunächst einmal selbst mit „Sauerstoff" versorgen, um in der Lage zu sein, anderen helfen zu können.

Oft **krachen** unverarbeitete Erfahrungen auf den kreativen Pfad einer Person. Bei einer Klientin löste ihre Verpflichtung zur Selbstfürsorge enorme Konflikte in ihrer Familie aus, da ihre unbewusste Rolle als „Fürsorgerin" bedroht war. Bei einer anderen Klientin, die sich beruflich weiter entwickeln wollte, lösten alte Stimmen (*Du hast kein Recht zu sprechen! Du bist ein Idiot, niemand interessiert sich für das, was du zu sagen hast!*) „Todesdrohungen" aus, die sie in Untätigkeit erstarren ließen. Noch einmal: Solche Erfahrungen sind die Regel, nicht die Ausnahme! Um es erneut zu betonen: Diese CRASH-Energien tragen die tiefsten Seelenenergien einer Person in sich, und deshalb ist ihre Anwesenheit eine wirklich gute Nachricht. Den Klienten zu helfen, eine intelligente, mitfühlende Beziehung zu diesen unvermeidlichen Hindernissen zu entwickeln, ist eines der sinnvollsten Ziele.

Sobald wir uns zu einer Vorgehensweise verpflichten, treten „Einwände" als CRASH Zustand auf.

Wie bei allen GC Prozessen, verlaufen diese Dialoge nicht nur verbal. Du achtest insbesondere auf die verbale/non-verbale Kongruenz. Das *Performanceholon* betont das generative Selbst als eine Familie von vielfältigen, widersprüchlichen Persönlichkeiten. Es sollte also nicht überraschen, dass sich andere Teile als „Einwände" oder „Sabotage" in den Dialog einmischen, nachdem sich das „Front-Selbst" zu einer bestimmten Vorgehensweise verpflichtet hat. Wir begrüßen solche Ereignisse als Hauptbestandteile des generativen Integrationsprozesses.

**Dann können wir „Versagen" als eine generative Übung ansehen.**

Dieses positive Willkommenheißen von „Versagen" ist eine der wichtigsten generativen Übungen, die wir entwickeln können. Es klafft unausweichlich eine riesige Lücke zwischen unserem *idealen Selbst* und dem was gerade passiert. Wir bleiben hinter unseren Erwartungen zurück, dissoziieren uns wieder, fallen in alte Muster zurück. *Dies ist eine universelle unuberbruckbare Kluft.* Viele von uns sind darauf konditioniert, uns aus Selbsthass und zur Strafe zu verprügeln. Und genau das macht es zu einem Problem! Solche „Nicht-Ego"-Reaktionen als integrale Mitglieder des kreativen Teams willkommen zu heißen, führt zu einem Wendepunkt.

# Tägliche Praxis

Der andere wichtige Teil in Schritt 6 ist die Verpflichtung zu täglichen Übungen. Wir bitten Klient:innen, sich für 30 bis 45 Minuten zur täglichen Selbstfürsorge zu verpflichten, um sich mit sich selbst zu verbinden. Oft sagen Klient:innen:

*Oh, das ist eine großartige Idee. Aber ich habe keine Zeit. Wissen Sie, ich bin eine so wichtige, viel beschäftigte Person. Aber wenn ich Zeit habe, werde ich es machen.*

Wir sagen:

*Unerlaubte Antwort! Das Leben wird Ihnen nie und nimmer die Zeit für Sie selbst geben. Sie müssen sie sich nehmen!. Wenn Sie sich die Zeit dafür nicht einrichten, werden Sie niemals in der Lage zu einer nachhaltigen generativen Veränderung sein. Andererseits garantieren wir Ihnen, wenn Sie sich die Zeit nehmen, werden Sie mehr Zeit für alles andere in Ihrem Leben haben.*

Wir zwei sind auch außergewöhnlich viel beschäftigte Leute und haben gelernt, ohne tägliche Praxis, lägen wir wahrscheinlich im Krankenhaus. Für gewöhnlich empfehlen wir eine Balance zwischen *Entspannung/ Zentrierung*, *Kompetenzentwicklung* oder *Mentalem Üben*.

**Ohne eine „tägliche Praxis" übernimmt unser viel beschäftigtes Leben das Kommando und wir werden nie mehr Zeit finden.**

## Praktiken zur Entspannung und Zentrierung

Der Alltag hält die meisten von uns in einem CRASH-Zustand gefangen. Wir sind an die Maschinenwelt von Computer/Fernsehen/Internet/SMS gewöhnt und befinden uns in einem ständigen Zustand des „Machens". Das Konzept des Psychostress wurde in den 1930er Jahren von einem jungen Arzt aus Montreal, Hans Selye, entwickelt. Bei seinen Visiten im Krankenhaus konnte Selye, der in *Differenzialdiagnose* zur Identifizierung von Anzeichen spezifischer Krankheiten ausgebildet war, nicht umhin zu bemerken, dass alle Langzeitpatienten (und auch das Personal!) krank aussahen! Dies deutete auf eine gemeinsame Basis für chronische Krankheiten hin. Er prägte den Begriff Stress (und später chronischen Stress (1956)), zur Beschreibung dessen, was wir als zugrunde liegenden CRASH-Zustand bezeichnen. Heute ist es allgemein anerkannt, dass Stress (oder chronischer CRASH) Heilung und Wohlbefinden blockiert. Und deshalb betrachten wir tägliche COACH Übungen als nicht-verhandelbare Verpflichtung für ein kreatives Leben.

Wie im *GC Band 1* diskutiert, haben die meisten Klient:innen schon eine solche Praxis und es geht eher darum, sie dazu zu verpflichten, diese regelmäßig auszuüben. Denke an die allgemeine Frage, um eine solche Praxis zu erkennen:

*Wenn Sie wirklich runterkommen müssen und wieder ganz bei sich selbst ankommen wollen, was funktioniert dann für Sie am besten?*

Jemand könnte sagen: *Gartenarbeit, kochen, in der Natur spazieren gehen, Yoga oder Mediation, Musik hören oder lesen* … Solche Erfahrungen

**Yoga, Meditation, Gartenarbeit, Verbindung mit der Natur … sind Beispiele für Entspannungs und Zentrier-Übungen, die du adaptieren kannst.**

befriedigen die psychobiologische Notwendigkeit, in eine Art Flow-Zustand zu gelangen. Wenn wir keine konstruktiven Möglichkeiten haben, dieses Bedürfnis zu erfüllen, sind wir anfällig für Süchte, die versuchen, ohne unsere menschliche Präsenz auszukommen.

Einigen Klienten fällt es sehr schwer, vollkommen loszulassen oder sich zu entspannen, so dass diese Erfahrungen der Ruhe/ Zentrierung manchmal erst in einer Sitzung entwickelt werden müssen. Der generative Coach hat seine „Antennen" immer auf alle Anzeichen positiver Resonanz eingestellt – z.B. wenn beiläufig ein großartiges Buch oder ein Film erwähnt wird, den man kürzlich gesehen hat, wenn man sich an eine Lieblingsbeschäftigung aus der Kindheit erinnert, wenn ein Freund oder ein besonderer Mensch erwähnt wird. Dies sind alles Portale in die Quantenresonanz eines COACH-Zustands, und wir fachen sie wie eine schwache Glut an, die langsam die Wärme und das erhellende Licht eines COACH-Feuers aufbaut.

Sobald ein/e Klient:in zumindest zeitweise an COACH-Erfahrungen anknüpft, kannst du dies sowohl zur positiven als auch zur negativen Motivation nutzen. Das heißt, du nutzt die positiven Erfahrungen, um aufzuzeigen, wie das Leben, kreative Leistungen und persönliche Beziehungen sein können, wenn man in COACH geerdet ist. Dem kannst du gegenüberstellen, was passiert, wenn ein Mensch im CRASH lebt – sich selbst hasst, unglücklich ist, sich nicht kreativ entwickeln kann und so weiter. Wir wollen einen deutlichen Vergleich anstellen, damit du nicht nur die Person kennst, die du sein kannst, wenn du Selbstfürsorge praktizierst, sondern auch die Person, die du wirst, wenn du es nicht tust. Diese „doppelte Bewusstheit" ist besonders aufschlussreich und motivierend, weil du siehst, wie viel auf dem Spiel steht und wie du die Macht hast, „der Unterschied zu sein, der den Unterschied macht".

**Anm. d. Illustrators:** Wenn ich im COACH State bin, ist meine Vorstellungskraft eine kreative Ressource, bin ich aber im CRASH, dann kann es eine Quelle der Angst sein.

## Kompetenzentwicklung und Mentales Üben

Ergänzend zu den Entspannungsverfahren gibt es Praktiken, die sich auf Kompetenzentwicklung und mentales Üben konzentrieren. Es kann hilfreich sein, jede der GC-Techniken aus den Sitzungen weiter zu üben – wie die drei positiven Verbindungen, die drei archetypischen Energien, die Gemeinschaft der Ressourcen, Andere mit der Intention berühren, somatisch modellieren, wie beim Ziele- oder Hindernisse- Tanzen usw. Besonders hilfreich kann es sein, langjährige CRASH-Muster als langsame, Tai-Chi-ähnliche Bewegungen auszudrücken, z. B. das Zusammenbrechen unter Kritik, die Reaktion auf Stress mit Suchtverhalten, das Gefühl der Hilflosigkeit und Überforderung. Wir haben gesehen, wie wir uns über somatisches Modellieren mit der zugrunde liegenden Tiefenstruktur und der positiven Absicht solcher Muster verbinden können, um sie dann mit Hilfe von COACH-Versionen der gleichen somatischen Modelle in Ressourcen zu transformieren.

Wir gehen nie davon aus, dass die negativen Muster für immer verschwinden werden. Wir erklären unseren Klient:innen auch auf, dass das chinesische Prinzip der *Vergänglichkeit* insbesondere für positive Erfahrungen gilt. Indem wir anerkennen, dass uns CRASH-Erfahrungen für den Rest unseres Lebens begleiten werden, erkennen wir, dass unser praktikabelster Ansatz ist, eine positive Beziehung zu ihnen einzugehen. Wir lernen sie als die besten Möglichkeiten zu schätzen, die wir im Umgang mit überwältigenden Umständen hatten. Jetzt schätzen wir sie als „rote Flaggen", die die Notwendigkeit signalisieren, zum COACH State zurückzukehren. Indem wir uns darin üben, CRASH-Reaktionen willkommen zu heißen und sie in COACH-Verbindungen umzuwandeln, freunden wir uns mit dem Feind an und beenden den Krieg.

Lass uns üben, eine Zeitlinie von deinem Tag zu bilden.

Wie üblich bei Entspannungsverfahren bitten wir die Klient:innen, die für sie am besten geeigneten Übungen zu wählen. Sehr beliebt ist die tägliche Timeline-Übung, wobei die Klient:in eine Zeitlinie für den Tagesablauf visualisiert und dann langsam auf generative Weise darauf entlang läuft. Die Person kann sich für 10 – 15 Minuten entspannen, dann aufstehen und mit langsamen Bewegungen die sechs Schritte durchgehen. Für jeden folgenden Schritt geht man einen Schritt weiter:

*Schritt 1 (COACH Feld):* Und nun beginne ich mit der COACH-Verbindung zu mir selbst … *(somatisches Modell)* … und zur weiten Welt … *(somatisches Modell, Pause)* … und während ich mich zur Welt öffne, sehe ich den Tag vor mir … *(somatisches Modell, Pause)*.

*Schritt 2 (Positive Intention):* Und wenn ich den Tag vor mir sehe, spüre ich, *was ich wirklich heute in der Welt voranbringen will* (somatisches Modell, Pause) … kurze Erklärung … innehalten, um es aufzunehmen … (somatisches Modell, mehrfach wiederholen).

*Schritt 3 (Generativer Zustand):* Und wenn ich heute diesem Weg folge, denke ich an die drei Verbindungen: *Zentrum* (somatisches Modell) … *Intention* (somatisches Modell) … *Ressourcen* (somatisches Modell) … und besonders die Ressourcen, mit denen ich verbunden bleiben möchte (Name, Ressource, somatische Darstellung) …

*Schritt 4 (Handlungsschritte):* Und an diesem Tag verpflichte ich mich, in kleinen Schritten meine Intention in die Welt zu bringen … (somatisches Modell). Schritt für Schritt … diese Bewegung … *dieser Atem…* nach und nach… ich kehre immer wieder zum COACH zurück… (somatische Modelle) Intention … Ressourcen … Handlungsschritte (somatisches Modell) …

***Schritt 5 (Hindernisse):*** Und wenn ich voran-
gehe, wird es heute einige schwierige Stellen
geben … Gespräche, die mich triggern
(somatisches Modell) … und ich werde Wege
finden, mich mit mir selbst zu verbinden
und im COACH auf die Situation zu reagieren
… (eine Zeit lang somatisch modellieren) …
Menschen, die mich triggern (langsam im
COACH somatisch modellieren) … und ich
werde Wege finden, mich mit mir selbst zu
verbinden und im COACH auf die Situation
zu reagieren … (eine Zeit lang somatisch
modellieren) … es wird Ergebnisse geben,
die mich enttäuschen (somatisches Modell
im COACH) … und ich werde Wege finden,
mich mit mir selbst zu verbinden und im
COACH auf die Situation zu reagieren …
(eine Zeit lang somatisch modellieren) …
Da sind soooo viele CRASH-zu-COACH- Erfahrungen, um sich auf heute zu freuen …
(somatisches Modell).

***Schritt 6 (Integration/Zukunftsorientierung):***
Und wenn ich so durch den Tag schreite,
werde ich am Ende des Tages müde (somatisches Modell), aber glücklich sein … (somatisches Modell) … Eine Anerkennung für gut
gemachte Arbeit, für ehrliche und vollständig geleistete Anstrengung … (somatisches
Modell) … und nun ein Moment zur Integration … (somatisches Modell) … voll Dankbarkeit … (somatisches Modell) … erhole ich
mich (somatisches Modell) … und sage der
Welt: *Ich komme wieder!*

Wie bei allen Generativen Coaching- Methoden sind wir neugierig, was bei jedem dieser
Abläufe passiert, wir nutzen jede Reaktion als
positive Information für „Feedback und Feed-
forward"

## Einige Fragen aus dem Publikum

**L:** *Wie ist es, wenn eins der Ziele lautet:* Was ich wirklich im Leben schaffen will, ist mehr Disziplin zu haben?

**S:** *Nun, zunächst brauchen wir dazu mehr Hintergrundwissen: In welchem Bereich deines Lebens würde mehr Disziplin wirklich einen Unterschied für dich bewirken?*

**L:** *Nun, ich versuche in allen Bereichen diszipliniert zu sein. Und manchmal bin ich richtig gut. Ich kann drei Monate lang durchhalten, doch dann passiert etwas und mir gelingt es nicht mehr …*

**S:** (Lacht.) *Nun, zwei Dinge. Zuerst brauchen wir wirklich die konkrete Situation, denn darin spielen sich alle wichtigen Dynamiken ab. Deine kreativen Muster aktivieren sich nur in Verbindung mit etwas Konkretem in der Welt.*

*Zweitens, wenn ich richtig gehört habe, sagst du so etwas wie: Verdammt, ich kann drei Monate lang Vollgas geben und dann schlägt die Polarität zu. Drei Monate wären wie ein Weltrekord im Einseitig-Bleiben!* (Beide lachen.)

**L:** *Du meinst, deshalb fühle ich mich so erschöpft und ausgebrannt?*

**S:** *Ja. Das hast du zwar nicht gesagt, aber man konnte das voraussagen. Erinnere dich an den Begriff* von C.G. Jung **Enantiodromia**: *Alles enthält nicht nur das Gegenteil, sondern wie das Yin-Yang-Symbol zeigt, ist alles immer gerade dabei, sich ins Gegenteil zu verkehren.*

*Diese einseitige Fokussierung bedeutet, dass du die Intention aus einem CRASH-Zustand heraus hältst. Das kann man an der starren Körperhaltung sehen, wenn jemand versucht, sich zur „Disziplin zu zwingen". Es wäre hilfreich, die andere Seite zum Dialog einzuladen:*

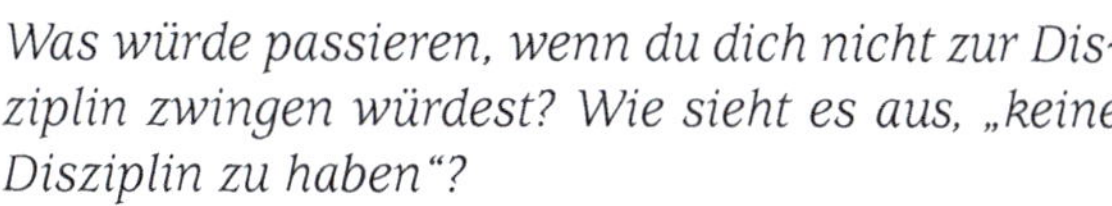

*Was würde passieren, wenn du dich nicht zur Disziplin zwingen würdest? Wie sieht es aus, „keine Disziplin zu haben"?*

L: *Emm, Depression?*

S: *Ja, hierfür sind somatische Modelle wirklich praktisch. Wir könnten fragen: Wie würde dein somatisches Modell für Disziplin aussehen?*

L: (Lacht ein wenig, streckt eine Hand wie bei einem Karateschlag nach vorn. Der Körper ist sehr starr.)

S: *Und nun das Gegenteil: Wenn du gar nicht diszipliniert wärst, wie wäre dein somatisches Modell dafür?*

L: (Rollt mit geschlossenen Augen und herausgestreckter Zunge ihren Kopf zur Seite.)

S: *Großartig. Das sieht eigentlich viel lustiger aus. Ich nehme an, dass es als Kind die Regel gab, verspielt und albern zu sein?*

L: *Ja, die war sehr streng.*

S: *Ein entspannter Körper bedeutete also …?*

L: *Ich reagiere oft somatisch – ich bekomme so Dinge, die mich am Arbeiten hindern. Neulich hatte ich eine Sehnenscheidenentzündung und davor eine Nasennebenhöhlenentzündung, so was – mein Körper reagiert so. Ja.*

S: *Nun, man kann die zwei widersprüchlichen Teile hier heraushören: Ich werde so krank, dass ich nicht arbeiten kann. Aber dieser Zustand des „Nicht-Arbeitens" hat so viel Schmerz und Spannung …*

L: *Das fühlt sich wirklich genauso an …*

**S:** *Die Übung hierfür wäre, die beiden Seiten zu entwirren – diszipliniertes Arbeiten und tiefe Hingabe und Nichtstun, –und dann die COACH-Versionen von beiden Seiten einzuüben. Ich weiß, das ist ganz anders als unser Ausgangspunkt, aber ich hoffe, es wird klar, wie wir hierher gekommen sind.*

**L:** *Ja, das macht es allerdings.*

**S:** *Denke daran, dass jedes Muster – Disziplin, Spiel, Entspannung – eine COACH- und eine CRASH-Version hat. Wir achten immer darauf, dass der COACH-Kontext vorhanden ist, sonst endet alles, was wir tun, im CRASH.*

**L:** *Danke sehr.*

**S:** *Gern geschehen! Noch eine weitere Frage?*

**K:** *Ich bat meine Klientin täglich Tagebuch über ihre Aktivitäten zu führen und es ging irgendwie nach hinten los. Sie blieb stundenlang wach, machte sich immer mehr Sorgen, weil sie verstehen wollte, warum sie Schwierigkeiten hatte. Irgendwelche Vorschläge?*

**Klientin sollte Tagebuch führen, doch sie begann sich große Sorgen zu machen.**

**S:** *Ja. Erster Schritt: Entspann dich … Bedenke, als deine Klientin in den CRASH gegangen ist, haben deine Spiegelneuronen dafür gesorgt, dass du das auch tust. Spüre diesem CRASH nach, zentriere dich, versenke dich in COACH … und dann finde heraus, wie du authentisch sagen kannst: **Das ist interessant, ich bin sicher, das macht Sinn**. Ich meine das ernst.*

*Das grundlegende Muster scheint zu sein, dass sie in einen CRASH gegangen ist und sich davon mitreißen lies, als sie die Schreibaufgabe bekam. In dieser Störung steckt der innigste kreative Geist der Klientin. Du brauchst nur einen COACH Raum zu eröffnen und dich zu beruhigen.*

**Zunächst gilt es, „sich zu entspannen" und den CRASH willkommen zu heißen …**

*Manchmal ist das bei Angstzuständen besonders herausfordernd, weil sie diese Fähigkeiten wie ein wirbelnder Derwisch haben, sie greifen das kleinste, harmloseste Detail auf und verfangen sich schnell in einer Angsthypnose.*

... dann authentisch neugierig zu sein, wie du deine Klientin am besten unterstützen kannst.

*Also lass dich in deine Mitte fallen, ohne ihrem verbalen Verstand zu folgen oder sie zu unterbrechen, und spüre die Verbindung zu der Person unterhalb des verbalen Tornados.*

*Wenn deine Mitte ihre Mitte berührt, stimmst du dich einfach limbisch darauf ein. Sie wird dich spüren und neugierig werden. Dann kannst du behutsam so etwas sagen wie:* Vielleicht sollten wir den Schreibaufgaben noch ein paar andere Möglichkeiten hinzufügen.

*Mit wohlwollender, sanfter Verspieltheit, spiegelst du zurück, dass es wirklich eine tiefe CRASH-Reaktion berührt, und du diesen Teil zum Dialog einladen willst. Dann wirst du wahrscheinlich ganz sachte neugierig darauf werden, wie es spielerisch laufen kann und sich sanft anfühlt — das ganze Gegenteil zu ihrem kognitiven Verständnis.*

*Erinnere dich, dass wir sagten: Wenn du Vorschläge machst oder Klient:innen Aufgaben erledigen lässt, weiß man nie, was es auslösen wird. Doch wie Milton Erickson sagen würde:* **Ich bin sehr neugierig darauf, es herauszufinden.**

*Und noch etwas Wichtiges: Was auch immer in dem Dialog auftaucht, es wird wahrscheinlich ein Teil des* **Performanceholons** *der* **generativen Veränderung** *sein. Du brauchst nur herauszufinden, wie du es sympathisch zum Dialog einladen kannst. Dann wird ein integraler Bestandteil der Arbeit in der Sitzung und in der Hausaufgabe darin liegen, herauszufinden, wie die COACH-Verbindung zu diesem Teil oder diesen Teilen zustande kommt.*

*Macht das Sinn?*

**K:** *Vor sechs Monaten noch nicht, aber jetzt macht das eine ganze Menge Sinn. Danke!*

**S:** *Gern geschehen.* ¶

## Zusammenfassung

Alles, was wir in einer Sitzung tun, dient der Vorbereitung auf das, was die Person in ihrem Alltag tut. Die Sitzungen haben keinen größeren Wert als die Veränderungen, die die Person im Nachhinein erfährt. Wir verstehen also das Generative Coaching als Dialog zwischen beiden Welten. Wir ziehen uns aus der Welt zurück, um einen sicheren Ort für eine generative Verbindung und Neuausrichtung zu öffnen, und folgen ihnen dann über die Brücke zu den eigentlichen Veränderungen in der äußeren Realität.

Innerhalb der Sitzung profitiert unsere Arbeit davon, wenn wir uns von allen festen Landkarten und konditionierten Reaktionen lösen, um im dialogorientierten Meer der unendlichen Möglichkeiten zu baden. Sobald sich jedoch eine Sitzung dem Ende zuneigt, beginnen wir eine Art Umkehrung und konzentrieren uns darauf, wie die Transformation in der Sitzung auf die „Valenzen und Unbeständigkeiten" des normalen Lebens übertragen werden können. Natürlich hoffen wir, dass sich tiefgreifende Qualitätsänderungen in den zugrunde liegenden Verbindungen der Klient:innen zeigen – mit ihren Körpern, ihren Emotionen, ihrem Denken, ihren Beziehungen zu anderen – so dass Fixierungen in Fluss kommen, Hindernisse Ressourcen eröffnen und somatische Bewegungen und Gefühle eher einem Tanz als einer blockierten Maschine gleichen. Während der gesamten Sitzung orientieren wir uns an neuen Möglichkeiten in ihrem realen Leben in der Hoffnung, ein Bewusstsein zu fördern, das jede Herausforderung als unendlich viele Möglichkeiten zu reagieren wahrnimmt.

Wir betonen, dass das Leben in erster Linie eine Performance-Kunst ist, die ein tägliches Körper-Geist-Training erfordert. Damit du diesen „Lernvorsprung", der dich im Leben immer weiterbringt, nutzen kannst, braucht es viel Übung. Es ist harte Arbeit, spontan sein zu können! Der Fokus von Schritt 6 – und insbesondere die „Zwillingspfeiler" aus Verpflichtung, das Ziel erreichen zu wollen, und den täglichen Körper-Geist-Praktiken – sind es, die den Traum jenseits aller Worte in die Wirklichkeit übersetzen. Es ist gut zu wissen, dass es möglich ist, und es ist großartig zu erkennen, dass Generatives Coaching eine Tradition ist, die das unterstützt. Was könnte man sich sonst noch wünschen?

## Vier Quartette

Wir müssen innehalten und uns weiter bewegen
in eine andere Intensität
für eine künftige Union, eine tiefere Kommunion
durch die dunkle Kälte und die leere Trostlosigkeit,
[durch] der Wellen Geschrei, des Windes Heulen,
[durch] die weiten Gewässer des Sturmvogels und des Tümm
In meinem Ende liegt mein Neuanfang.

– T. S.

# Kapitel 8

# Die Tiefenstruktur einüben: Die sechs Schritte in einer getakteten Sitzung

Wenn wir nun zum Ende des zweiten Bandes kommen, wollen wir uns noch einmal an die Grundlage des Generativen Coaching Modells erinnern: Das Bewusstsein erschafft die Realität auf vielen Ebenen durch lebendes Wesen. Es ist ein großer atmender Ozean, der endlose Wellen von Lebensformen erzeugt. Menschen sind eine spezielle Wellenart, mit dem evolutionären Geschenk, sich viele potenzielle Realitäten vorstellen und deren Verwirklichung organisieren zu können. Dies macht Kreativität zur zentralen Eigenschaft des menschlichen Bewusstseins.

Generativer Wandel versteht menschliche Kreativität als ein „Performanceholon", das sechs grundlegende Aspekte enthält: Landkarten 1.) des gegenwärtigen Zustandes, 2.) des gewünschten Zustandes, 3.) von *Zielbildern* (Aktionsplänen zum Erreichen des gewünschten Zustandes), 4.) von Ressourcen, die die Reise unterstützen; 5.) von zu transformierenden und integrierenden Hindernissen, und am wichtigsten 6.) vom kreativen Feld, um jeden Aspekt anzunehmen und kreativ anzuwenden. Wir sehen, dass diese absichtsvolle Arbeit oft mit einer *neuromuskulären Blockade* einhergeht, welche das kreative Feld einfriert und die wahrgenommenen Landkarten in getrennten, Feedback-unempfindlichen Teilen fixiert. Dieses Einfrieren wird durch Stress verstärkt und resultiert in der Unfähigkeit, im gegenwärtigen Moment zu leben und zuversichtlich voranzugehen.

Ein integraler Bestandteil dessen, was Menschen zum Generativen Coaching bringt, ist diese Unfähigkeit, sein Potenzial kreativ auszuleben. Wir arbeiten dann genau damit anhand des Sechs-Schritte-Modells:

1. Ein COACH Feld eröffnen

2. Positive Intention festlegen

3. Generativen Zustand entwickeln

4. Ins Handeln kommen

5. Hindernisse transformieren

6. Praktiken zum Aufrechterhalten und Vertiefen der Veränderung.

Diese ersten beiden Bände des Werks geben dir hoffentlich ein gutes Gespür dafür, was dies auf praktischer Ebene bedeutet. An diesem Punkt hast du ein Gefühl für die verschiedenen Ebenen des Sechs-Schritte-Modells. Jeder Schritt ist ein Prinzip, das auf unendlich viele Arten verwendet werden kann. Einige entstehen aus den einzigartigen Verbindungen während des Dialogs in einer Sitzung.

Grundlegend werden die sechs Schritte als zeitliche Abfolge verwendet, wobei sich jeder Schritt aus dem vorhergehenden entfaltet. Für jeden Schritt gibt es Prototypmethoden. Aber auf der fortgeschritteneren Ebene, die wir in diesem zweiten Band behandeln, sehen wir, dass jeder Schritt alle anderen Schritte mit mehreren möglichen Ausdrucksformen enthält und dass sich Sequenz daraus entfaltet.

Zum Beispiel trägt eine generative Intention/Ziel implizit das COACH Feld in sich und lässt dieses als ein funkelndes Juwel mit vielen Facetten erahnen. Ohne das COACH Feld wäre das Ziel eine starre, feste Vorstellung, die der Welt aufgezwungen werden müsste. In dieser Situation gäbe es keine nachhaltige Veränderung. Unserem Verständnis nach sind auch die Hindernisse implizit im Ziel enthalten: Es gäbe keine positive Absicht, wenn es nicht ein wahrgenommenes negatives Hindernis gäbe, das sie blockiert. Außerdem enthält jedes Ziel implizit eine Reihe von – oft unbewussten – Vorstellungen darüber, wie der Endzustand aussehen sollte und was getan werden muss, um ihn zu erreichen.

Wir gehen davon aus, dass alles, was die Klient:in in das Coaching-Gespräch mitbringt, viele feste Vorstellungen ihrer Landkarten enthält, die nicht zu den Herausforderungen des aktuellen Ziels passen. Deshalb ändern wir zunächst den Ausgangszustand in einen Zustand *offener Präsenz*, in dem jede Repräsentation *fließend, rückkopplungsfähig* und *miteinander verbunden* ist. Wie bei einer Aufführung genießen wir dann die Schönheit des sich entfaltenden kreativen Prozesses, der auf nie dagewesene Weise vorangeht. Dies ist der Kern des generativen Wandels.

Es mag irgendwie paradox klingen, dass wir jedes Trainingsmodul mit einer einfach getakteten Sechs-Schritte-Sequenz abschließen. Diese Sitzung ist 35 Minuten lang und gibt fünf Minuten für jeden der sechs Schritte vor, plus fünf Minuten für die Verarbeitung und das Feedback. Dies erleichtert nicht nur zu sehen, wie alle in dem Modul geübten Teile in einem integrierten Prozess zusammenpassen, sondern es verdeutlicht ebenso den einfachen Rhythmus der *Tiefenstruktur*, wenn du einfach mit den Kernprinzipien in jedem Schritt verbunden bleibst. Diese Übung hilft dir wirklich, dir das Modell bis in die Knochen einzuverleiben, so dass du nicht länger an den festen Oberflächenstrukturen kleben bleibst. In jeder Sitzung kannst du bemerken, wie *ein Bewusstseinsfluss* hindurchfließt.

Kommen wir also nun zu einem Beispiel einer getakteten Sitzung. Dieses Coaching hat Stephen am Ende eines Trainingsmoduls zum Generativen Coaching in Sankt Petersburg, Russland mit einem Herrn namens Leon durchgeführt. Außerhalb der Bühne gibt ein Moderator die Fünf-Minuten-Intervalle vor.

(Leon kommt auf die Bühne und nimmt Platz. Stephen und er schütteln sich die Hände.)

S: *Willkommen. Lass uns mal schauen, was wir an diesem letzten Tag Gutes für dich tun können, auf jeden Fall möchte ich dich mit ehrlicher, hilfreicher Arbeit bestmöglich unterstützen.*

## Schritt 1. Ein COACH Feld eröffnen

S: *Wie bei jedem Format, ist es gut einen Ort festzulegen, an dem du dich zentrieren, fokussieren und wirklich einlassen kannst…* (Leon schließt die Augen und beginnt tiefer zu atmen) *… Beginne auf natürlichste, hilfreichste Art … deine Aufmerksamkeit zu bündeln, lass all das Ego-gefällige Zeug los… und versuche, dich mit dem zu verbinden, was du wirklich wirklich in deinem Leben tun willst, das sich jetzt hier lohnt zu fokussieren… Dann spüre nach, wie du den geeigneten Zustand in dir finden kannst, entspannt, tief mit deinem Inneren verbunden* (Leon öffnet die Augen) *… eine positive Bestimmung, gute Konzentration, gute Entspannung.*

*Gibt es etwas, das dir wirklich hilft, dich auf diesen COACH State einzulassen?*

L: *Ich erinnere mich an die Herkunft meiner Vorfahren. Ich denke an meinen Großvater, und er bringt mir diese Bodenständigkeit.*

S: *Kanntest du ihn?*

L: *Nein, wir haben nur seine Orden.*

S: *Sehr gut. Nimm wahr, wo du diese Verbindung spürst zu dem Mut, der Ehre, dem großartigen Vermachtnis, das dein Großvater gelebt und weitergegeben hat … Wo fühlst du es am meisten in deinem Körper? Diese Liebe für deinen Großvater … das Ehrgefühl, den Stolz?*

L: (Langsam bewegt er die Hände über seine Oberschenkel, dann vom Bauch hinunter zu den Knien, dann von der Brust bis zu den Knien.)

S: (Spürt, dass etwas nicht ganz in Balance ist und lenkt die Aufmerksamkeit auf einen anderen Teil des Identitätssystems) *Hast du Kinder, Leon?*

L: *Ja, drei.*

S: *Wie alt?*

L: *12, 20 und 21.*

S: *Wow, das ist generativ. Hast du die Geschichte von der israelischen Premierministerin Golda Meir gehört? Ein Reporter fragte: „Als Premierministerin müssen Sie sich doch mit jemandem besprechen, mit wem reden Sie?" Sie antwortete: „Das ist leicht. Ich spreche mit meiner Großmutter und mit meiner Enkelin. Meine Großmutter, die nicht mehr lebt und meine Enkelin, die noch nicht geboren ist."*

**Leon** (lacht etwas): *Ja, das ist großartig.*

## Schritt 2. Intention/Ziel festlegen

S: *Also, als eine Art Einstimmung auf diese Stammlinie* (S ahmt langsam die Leons Bewegung nach, indem er seine Handflächen von der Stirn langsam nach unten bewegt.) ... *Dein Großvater, du selbst, deine Kinder, deine Enkelkinder – irgendwann...* (Führt die Handflächen an der Stirn zusammen und bewegt sie so, wie Leon seine Hände bewegt hat.) *Was willst du wirklich, wirklich gern mehr in der Welt erleben oder mehr in deinem Leben erschaffen?*

L: *Ich habe eine Menge Verspieltheit in mir. Ich mag das sehr an mir. Aber manchmal kann ich es nicht ausdrücken oder finde keinen Ort dafür. Ich will diese Verspieltheit mehr ausleben,* (Lehnt sich vor und schaut Steve ernst an.) *aber in angemessener Weise.*

S: *Großartig. Okay.* (Als Leons Mikrofon herunterfällt und er sich vorbeugt, um es aufzuheben, sagt Steve spielerisch: ***Ich dachte, deine Geldbörse wäre aus der Tasche auf den Boden gefallen. Ich wollte dich gerade ablenken.***) (Zeigt in die andere Richtung.) (Gelächter auf der Bühne) (**Anm.:** Das war der Beginn, mehr Verspieltheit in das Gespräch zu bringen.)

*Aber dieses Gefühl, wirklich mehr Verspieltheit ausdrücken zu wollen – in welchem Lebensbereich wäre das wirklich großartig und könnte deinen Großvater stolz machen? Und deine Kinder würden sagen: „Wow, seht euch Dad an!"*

L: (Lacht etwas.): *In meinem Arbeitsleben, bei meiner Arbeit, damit sie eleganter, präziser wird, wie beim Geigespielen, will ich diese Verspieltheit in echt präziser, raffinierter Weise  zeigen.*

(**Anm.:** Diese Worte deuten nicht gerade auf Verspieltheit hin, bewirken eher das Gegenteil.)

S: *Was arbeitest du?*

L: *Psychotherapie.*

S: *Welche Art Psychotherapie praktizierst du?*

L: *Ich kombiniere Kurzzeittherapie mit Hypnotherapie und Ericksonischer Hypnose.*

S: *Cool. Wenn du nun ein somatisches Modell für Verspielt-sein machen solltest* (Schwenkt die Arme, lehnt sich vor, schaut intensiv) *… – was wäre das somatische Modell?*

L: (Lehnt sich vor, schaut Steve an.) *Hier ist es.* (Streckt seine Hände zu Steve, als ob er ein Geschenk überreichen möchte. Steve schaut ihn wie ein Kind an, als wenn er etwas empfängt.)

S: *Aber du schaust eher ernst als spielerisch.* (Spiegelt Leon.)

L: *Ja*

S: (Zieht eine Grimasse und macht eine alberne Bewegung, Leon lacht.) *Was wäre denn total unsinnig, albern?*

L: (Lacht, macht eine lockere Kreisbewegung mit der Hand nach vorn.)

S: *Okay!*

L: (Bewegt seine Hand, als ob er ein Lasso über seinem Kopf schwingt, öffnet die Arme weit.)

S: *Großartig. Und dazu möchte ich sagen* (Öffnet die Arme.) *„Willkommen, Präsenz!"* (Macht Gesten in verschiedene Richtungen) (Aus dem Publikum rufen Zuschauer, die sich aufgrund der vergangenen Tagen eng verbunden fühlen: **Willkommen! Willkommen! Willkommen!**)

(Schaut ins Publikum.) *Wow … Ich frage mich, wie es gewesen wäre, als Kind diese Gruppe als deine Familie zu haben?*

L: *Ja, das wäre sehr schön gewesen …*

## Schritt 3. Einen Generativen Zustand entwickeln

(Die Stimme des Moderators ruft den nächsten Schritt aus.)

S: *Hörst du Stimmen?* (Gelächter.)

L: (Anscheinend bezieht er sich auf seinen internen Dialog.) *Sie glauben nicht, dass die Struktur spielerisch ist …*

S: (Spielerisch) *Hörst du nun Stimmen?*

L: *Ich höre viele Stimmen.*

S: *Und was sagt die Stimme?* (Dumpfe Stimme) **„Nun musst du zu Schritt 3 übergehen. – Das Handbuch sagt …"** (S nutzt den ernsten Moderator, der für jeden Schritt die formalen Zeitzeichen vorgibt.)

L: *Leider, ja.* (Leon schaut etwas traurig, was darauf hindeutet, dass sein Zustand von kritischen Stimmen dominiert wird.) *Aber ich habe auch Stimmen, die spielen wollen, um mit dem weiterzumachen, was wir gerade tun.*

S: *Wenn du dich also in eine hineinversetzen solltest und auf den ernsten Schullehrer da vorn*

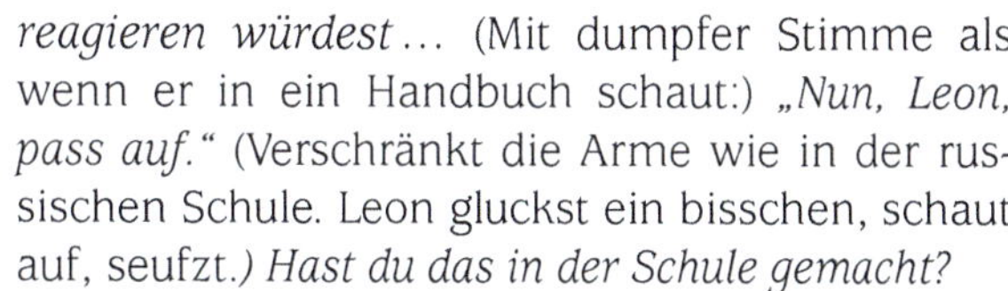

*reagieren würdest…* (Mit dumpfer Stimme als wenn er in ein Handbuch schaut:) *„Nun, Leon, pass auf."* (Verschränkt die Arme wie in der russischen Schule. Leon gluckst ein bisschen, schaut auf, seufzt.) *Hast du das in der Schule gemacht?*

**L:** *Zuerst ja.* (Verschränkt seine Arme.)

**S:** *Wenn also der Lehrer sagt: „Leon, pass auf, geh zu Schritt 3."* (Überkreuzt wieder die Arme.) *Was würde einer der Albernen sagen?* (Lächelt.)

**L:** (Lacht, macht eine unhöfliche Geste, um der imaginären Gegenwart zu trotzen.)

**S:** *Ich glaube, dein Großvater ist gerade aufgewacht, hm?* (Spürt, dass der trotzige Ausdruck die Präsenz seines Großvaters im Feld aktiviert hat und ihn widerspiegelt.)

**L:** (Schaut etwas überrascht mit großen Augen, dann nickt er mit Tränen in den Augen.)

**S:** (Sanft) *Nun kann er in ewigem Frieden ruhen, denn du hast mit der Heilung begonnen.*

**L:** (Berührt die Brust)*: Ja, das ist nah, es geht mir nahe.* (Sieht tief bewegt aus, wie ein kleiner Junge, der erfüllt ist von einer Mischung aus Liebe, Einsamkeit, Verwirrung …)

**S:** (Spürt, dass der Großvater tiefe emotionale Wunden hat und fragt sehr behutsam:) *„Ich hoffe, es ist in Ordnung, wenn ich frage, wie dein Großvater gestorben ist?*

**L:** *Er entschied sich, sich das Leben zu nehmen – es war Selbstmord.*

**S:** *Hmmmm …* (Nickt, atmet, nimmt die Traurigkeit auf.)

(**Anm.:** Der Großvater, ein ehrwürdiger Kriegsheld, hat sich umgebracht. Stell dir die Auswirkung auf den jungen Leonid vor, besonders auf seine Verspieltheit.)

**L:** *und ich kannte ihn gar nicht.*

**S:** *Wie alt war er?*

**L:** *40.*

S: *Oh. Er bekam die Orden für seinen Einsatz im Zweiten Weltkrieg?*

L: *Ja, für den Zweiten Weltkrieg. Er war ein wirklich fröhlicher Mensch, er brachte zwei Akkordeons mit heim und seine Orden. Und tatsächlich hat er die ganze Strecke nach Berlin geschafft – er marschierte mit der russischen Armee bis zum Endsieg in Berlin.* (Anm.: Leonid kannte seinen Großvater nicht direkt, nur ist dies Teil der Geschichte, der fröhliche, mutige Kriegsheld, der sich selbst umbrachte.),

S: *Oh. Wow. Wie viel Zeit war nach dem Krieg vergangen, als er sich das Leben nahm?*

L: (Reibt seine Hände an den Knien) *Ich habe darüber nicht viel nachgedacht. Vielleicht zehn, zwanzig Jahre? Er gründete eine Familie, er lebte weiter und es gab auch andere Frauen, die ihn daran hinderten, seinen Lebensweg fortzusetzen.* (Anm.: Beachte wieder, dies ist Teil der Familiengeschichte.)

S: *Hm. Hm* (Nickt.) *Gehe ich also recht in der Annahme, dass deine Absicht „ein gutes Leben führen zu wollen, aber auch den Geist des Spiels einbringen zu können" zum Teil* (legt eine Hand auf sein Herz) *den Geist deines Großvaters ehren soll? Es klingt, als hätte er* (Leon legt eine Hand auf sein Herz.) *so viel Leid auf sich genommen,* (Leon reibt sich langsam das Herz.) *dass er sich niemals davon erholen konnte.* (Steve streckt seine Arme weit aus.)

## Schritt 4: Ins Handeln kommen

L: *Da wir von ihm sprechen, er ging unverrichteter Dinge, er starb, ohne seine Ziele erreicht zu haben, ohne sich zu verwirklichen. Es gab ein großes Fest an dem Ort, wo er lebte, als er noch am Leben war.*

S: *War es der Vater deiner Mutter oder deines Vaters?*

L: *Meiner Mutter.*

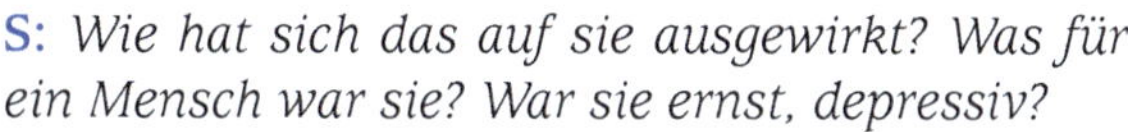

S: *Wie hat sich das auf sie ausgewirkt? Was für ein Mensch war sie? War sie ernst, depressiv?*

(S versucht, das Mosaik der Familiengeschichte zu vervollständigen, und ist besonders neugierig auf generationsübergreifende Wunden, die möglicherweise aktiv sind.)

L: *Entschlossen. Individuell. Und ich denke, sie hat sich auch nicht vollständig verwirklicht. Er sagte ihr: „Ira, du wirst alles haben", und dann starb er.* (Seufzt.)

S: *Mm… Ich spüre, dass dich das als Kind wirklich hart traf* (Zeigt auf die Herzgegend. Legt seine Hand aufs Herz.) *und dass es ganz schön verwirrend war.*

L: (Nickt.) *Es kommt jetzt einfach hoch, während wir reden. Bis jetzt habe ich es in meinem Kopf nicht bewusst wahrgenommen.*

S: *Und dann haben sich deine Mutter und dein Vater gestritten* (ballt zwei Fäuste)*: War dein Vater ein ziemlich ernster oder verspielter Typ?*

L: *Er war hart, streng und wirklich hart, und manchmal gewalttätig. Manchmal grausam.*

S: *Mmmm …*

L: *Es war die Verkörperung seiner Männlichkeit, ein Mann zu sein, aber es war wirklich sehr, sehr hart.*

S: (Nickt) *… Du wurdest also Psychotherapeut.* (Lächelt.)

L: *Ja. Er wollte, dass ich Priester werde.* (Beide lachen.) *Aber ich ging in die Therapie.*

S: *Gott sei Dank. Es wäre eine lange Therapie geworden, wenn du zu seinem Befehl „Ja" gesagt hättest und Priester geworden wärst.* (Beide lachen etwas mehr.) *Bei all dem Schmerz und dem Leid in der Familie und bei aller Liebe, die du für deine Familie empfindest, klingt es als ob – wie alt bist du?*

L: *46.*

S: *Es klingt als ob, wenn ich es richtig gehört habe, du an einen Punkt angelangt wärst, an dem du spürst: Um wirklich meine Liebe für meine Familie auszudrücken, ohne … so verloren zu gehen wie meine Mutter und wie mein Vater es auf seine Weise tat, muss ich liebevoll, ernst und verspielt sein.* (Lächelt, öffnet die Arme.)

L: *Ja, ganz anders als sie.*

(All dies deutet auf ein generationenübergreifendes Feld von Gewalt und unerfüllten Träumen hin, das es Leon schwer macht, seine Absicht zu verwirklichen, spielerisch zu leben, um sich und seine familiären Wunden zu heilen.)

## Schritt 5: Hindernisse transformieren

S: *Ja, Vielleicht können wir aufstehen.*

(Sie stehen auf, Leon steht auf der Stelle für die Gegenwart.)

(**Anm.:** Wenn ein emotionaler Zustand blockiert oder schwer erscheint, hilft es oft, die Körperhaltung zu verändern, vor allem, indem man sich hinstellt und sich ein wenig bewegt.)

S: *Wenn du also hier stehst, mit diesem Gefühl von: Hier bin ich nun, 46 Jahre alt, und ich spüre, wie mich der unglaubliche Mut und die Integrität meines Großvaters aus der Vergangenheit durchströmt, und die Anerkennung, die er erhielt, und wie er sie so sehr in sich bewahrte, dass er sich am Ende das Leben nahm.*

L: (Nickt, seine Hand berührt sein Herz.)

S: *Irgendwie tragen wir all das in unserem Leben.* (Leon nickt.) *… und dann spürst du deine Mutter wie auch deinen Vater, du spürst so viel Liebe für sie, wenn du dich mit ihnen verbindest* (Leon atmet ein und tief aus), *und du nimmst wahr, wie sie sich letztendlich zurückgehalten haben.*

*Und nun ist es, als wenn* (Steve gestikuliert hinter Leon, auf ihn gerichtet.) *es auf dich übertragen wurde.* (Leon nickt.) *So wie du die Ernsthaftigkeit, die Traumageschichte und den Wunsch, deine Familie zu ehren und ein guter Mensch zu sein in dir trägst. … Und dann deutet etwas in dir an, dass du dich wahrscheinlich jeden Tag deines Lebens bewusst dafür entscheiden musst, verspielt zu sein* (öffnet die Arme mit etwas Verspieltheit), *gerade **weil** das Leben so ernst ist.*

L: (Nickt.)

S: *Der einzige Weg, dies ist im Angesicht der Ernsthaftigkeit zu tun* (Öffnet die Arme, tritt auf den Zukunftsplatz und steht dort.)*, ohne sich selbstmordgefährdet, wütend oder deprimiert zu fühlen, ist **Spielen**. So hörte ich dich das sagen – hörte ich da richtig?*

L: (Nickt.) *Ja, das hast du sehr gut verstanden …*

S: *Vielleicht können wir also einfach dieses Format durchgehen: An jedem neuen Tag kann ich den Schmerz spüren* (Leon legt die Hand auf seinen Körper), *den Verlust, die Gewalt … und deshalb* (Steve öffnet spielerisch die Arme) *spiele ich. Vielleicht können wir das einfach als Bewegung darstellen* (Tritt vor, öffnet die Arme nach oben.)

L: (Kichert, öffnet seine Arme, tritt vor, schnippt mit den Fingern, bewegt sich vorwärts.)

S: *Um dann innezuhalten* (Hebt spielerisch die Hände flamencoartig hoch.) *und zu nachzuspüren; ich tue das auch, weil ich den Schmerz meiner Familie in mir trage* (öffnet die Arme)

L: (Öffnet die Arme weit.)

S: *Ich fühle es. Ich laufe nicht davon.* (Steve öffnet die Arme, als wenn er etwas hält, dann öffnet er sie nach oben und in die Weite.)

L: (Nickt, öffnet die Arme weiter. Steve beginnt mit spielerischen Armbewegungen. Leon lacht, fängt auf der Stelle zu tanzen an und bewegt die Arme.)

S: *Du kannst mich also deinen Schmerz sehen lassen.*

L: (Wird ernst, nickt, berührt sein Herz für einen Augenblick.)

**S:** (Macht ein unhöfliches Handzeichen, beginnt spielerische Grimassen zu schneiden wie ein kleines Kind, um die Absicht der *Verspieltheit* mit dem Hindernis der *traumabedingten Ernsthaftigkeit* zu verbinden.)

## Schritt 6: Die Veränderungen vertiefen

(Beide bewegen sich auf der Stelle, lachend)

**L:** *Ich höre die Stimme meines Großvaters, die mir sagt:* **Du Schlingel!**

**S:** *Und wie reagierst du auf diese ernste Spielleiterin* (zeigt auf die zeitnehmende Moderatorin)*, die sagt:* **Pass auf und folge den Regeln!** (Verschränkt steif die Arme in Manier eines russischen Schulkindes.) **Du solltest jetzt bei Schritt 6 sein!**

**L:** (Öffnet seine Arme für die Moderatorin, als wenn er sie zum Spiel einladen würde.) **Komm, süße Frau, bitte mach mit!** (Gelächter.)

**S:** (Winkt der Moderatorin zu, bewegt sich spielerisch wie der junge, trotzige Leon: *Ich passe auf!* **So passe ich auf.** (Steve verschränkt seine Arme und beginnt mit russischen Tanzbewegungen, singt ein wenig.)

**L:** (Lachend bewegt er sich entspannt tanzend.)

(Das Publikum jubelt und lacht …)

**S:** (ernst, sanft)*: Und was, glaubst du, tun deine Kinder gerade? „Sieh dir Dad an!" Was denkst du, halten sie davon?„*

**L:** (Legt seine Hand aufs Herz, nachdenklich und nachspürend.) *Der Älteste denkt: Papa ist verrückt … Meine Tochter … hält irgendwie Abstand ~ sie* (gestikuliert weit weg) *studiert, um Ärztin zu werden, also ist sie wie:* (macht ein sehr ernstes Gesicht.) *… Aber der Kleine, er macht einfach mit.*

*S: Nun, zweimal habe ich mir die Zehennägel lackiert. Auf diesem Supervisionsseminar waren da vier oder fünf Frauen, als ich vorbeikam, saßen sie auf dem Boden und lackierten sich die Fußnägel und ich sagte: „Ich bin so neidisch! Ich meine, ist das nicht eins der tollen Dinge, die Frauen machen können?* (Mimt Lippenstift und Make-up nach und strahlt)*? Weißt du, wir Männer, wir …* (Schaut an seinem Körper herunter, steht steif, schüttelt den Kopf.)

(Leon lacht, Gelächter im Publikum.)

*Und eine der Frauen nahm den lilafarbenen Nagellack und bot ihn mir an.* (Steve modelliert Panik und Horror zu jedermanns Gelächter.*)* **Ich? Sinnlich sein? Nicht ernst sein?**

*Die Frau sagte:* **Nun, wie wäre es, wenn du es nur auf einem Zehnagel ausprobierst?** (Steve modelliert neugierig sein und grübeln …) *Es war Sommer und ich trug Flip-Flops. Ich setzte mich also zu ihnen und malte den Nagel meines großen Zehs lila an … leuchtendes, unerhörtes Lila! Als ich nach Hause kam – ich glaube meine Tochter war damals 15 Jahre alt – sah sie es und sagte:* **Daaaaddddd. Das ist so eklig. Du bringst mich in Verlegenheit.** (Steve modelliert den Horror seiner Tochter.)

*Ich sagte:* **Ok, ok, ok, ich entferne ihn gleich.** *Aber wenn du erst einmal auf den Geschmack gekommen bist, willst du mehr. So tat ich 6–7 Jahre später auf zwei Zehen Nagellack. Als ich nach Hause kam, – ich glaube Zoe war so 22 Jahre alt – sagte sie:* **Cool, Dad, warum hast du dir nicht alle Zehen gemacht?**

(Steve und Leon lachen gemeinsam über diese „Vater-Geschichten" über eine Tochter, die die Verspieltheit des Vaters zunächst nicht gutheißt.)

*S: Leon, du siehst großartig aus, wenn du lachst … Es ist ein wunderschöner Tag, denke ich, um die Traurigkeit des Lebens mit Würde und Trotz zu ertragen. Ich glaube, das haben Iren und Russen gemeinsam.*

L: (Schließt seine Augen, berührt sein Herz, atmet tief ein und aus, als wenn er etwas sehr Tiefgreifendes integriert.)

S: *Und weißt du, mit dem Gefühl der Liebe, das du so stark spürst, kannst du das Leid und die Liebe für deine Familie tragen, und genau deswegen, ist die Selbstverpflichtung zur Verspieltheit Balsam für die Seele.*

L: (Nickt, schließt die Augen.)

S: *Das ist eine schöne Balance, hm?* (Leon nickt.) *Mögest du dich immer daran erinnern, wenn du diesen Schmerz fühlst, dass wir die Möglichkeit haben, diesen Schmerz auf liebevolle Weise für uns selbst und für alles und jeden, den wir lieben, zu verwandeln,* (macht Friedenszeichen, dann ein unhöfliches und signalisiert „Frieden" mit der Hand.) *indem wir **darauf bestehen** zu spielen.*

(Schaut ins Publikum, das so unterstützend und präsent war.) *Möchtest du der Gemeinschaft hier etwas sagen?*

L: (Kichert, wendet sich ans Publikum, öffnet seine Arme.)

(Applaus.)

S: *Fantastisch. Ist es okay, wenn wir hier aufhören?*

L: *Ja, das ist sehr gut.*

S: *Viel Glück. Ich hatte wirklich das Gefühl, dass du bereit und in der Lage warst, einen zentralen Ort zu erreichen.*
*Bei dieser Arbeit konntest du wahrscheinlich erkennen, worüber wir gesprochen haben: nämlich wie wichtig die Balance zwischen Zärtlichkeit, Wildheit und Verspieltheit ist.*

(Zum Publikum.) *An dieser Sitzung könnt ihr also sehen, dass die genannte Intention sehr einfach und geradeheraus kam:* **Ich will in meinem Leben verspielter sein, besonders bei der Arbeit.** *Ihr konntet ebenfalls sehen, dass sein nonverbales und verbales Verhalten, als er seine Intention kommuniziert hat, alles andere als spielerisch war. Mit der Einstellung, dass* **das sicher Sinn macht,** *brauchte es nicht viel, um herauszufinden, dass seine Familiengeschichte nicht wirklich für Verspieltheit spricht – die Kriegstraumata, der Selbstmord, die Scheidung, der misshandelnde Vater und so weiter.*

*Wir sind daran interessiert herauszufinden, wie all diese verschiedenen Teile – die Sehnsucht nach Verspieltheit, die Loyalität, das Leiden, die familiären Ressourcen – miteinander integriert werden können. Wir haben den Schmerz und das Leid willkommen geheißen und als Unterstützung für die Verspieltheit definiert.* **Wenn jeder Teil des Systems anerkannt, willkommen geheißen und einbezogen wird, ist eine nachhaltige generative Veränderung möglich.** *Das Sechs-Schritte-Modell hilft uns, diese Teile zu identifizieren, aber seine nicht-lineare Nutzung ermöglicht letztendlich die generative Integration.*

*Leon, vielen Dank, dass du ein Stück deiner Innenreise mit uns geteilt hast. Ich weiß, dass ich dadurch, auch für meine eigene Reise der Heilung und Entwicklung, viel erhalten habe. Ich vermute, dass es vielen, wenn nicht den meisten aller anderen Personen hier im Raum genauso geht.* (Das Publikum nickt, applaudiert und gibt Leon stehende Ovationen.

# Die Tiefenstruktur einüben

**4) ÜBUNGEN ETABLIEREN, UM NACHHALTIGE VERÄNDERUNGEN ZU ERREICHEN**

# Zusammenfassung

Generatives Coaching ist eine Methode, die *disziplinierten Flow* nutzt, um innenliegende Kreativität zum Leben zu erwecken. Das kreative Bewusstsein besteht aus zwei Ebenen:

1.) der *ungeteilten Ganzheit* des Lebens, einer Einheit aus Vergangenheit, Gegenwart und Zukunft;

2.) und einer Aufteilung und *„Kartographie des Territoriums"* in viele Teile.

Wenn du die Verbindung zur Ganzheit empfindest, kannst du durch die Integration der Teile eine tiefgreifende Transformation von anhaltender Bedeutsamkeit erfahren. Auf diesem Prozess basieren jegliche Performance-Künste, wozu wir auch das generative Coaching zählen

Die Eröffnung eines COACH-Feldes zwischen Coach und Klient:in ist für die Beziehung notwendig und die wichtigste Voraussetzung für Erfolg. Anschließend werden alle Teile geschickt zu einem integrierten Mosaik verbunden, wodurch die Wahrnehmungsfilter, die unsere Erfahrung erzeugen, transformiert werden.

Das Sechs-Schritte-Modell beschreibt die zentralen Aspekte, die an diesem Prozess beteiligt sind. Wenn sie differenziert und generativ verwirklicht werden, öffnet sich das Potenzial für Wunder. Das ist für uns die echte *Struktur der Magie.*

# Fazit

**D**as war er nun, der zweite Band über Generatives Coaching. Wir hoffen, dass du etwas von der Magie gespürt hast, die wir bei der Erforschung dieses Werks empfinden. Freud beschrieb (in einer Weise, der wir nicht vollkommen zustimmen) das Bewusstsein eines Säuglings als Glücksgefühl von ozeanischem Ausmaß und als Feld der ungeteilten Einheit des Lebens. Im Laufe unseres Lebens schrumpft dieses Feld, so dass wir uns allzu oft in einem Leben wiederfinden, das Thoreaus als *„ein Leben in stiller Verzweiflung"* beschreibt. Oder um Dante am Anfang seines Infernos zu zitieren:

*Jetzt in meiner Lebensmitte habe ich meinen Weg gänzlich verloren.*

Trotz zahlreicher Spuren bleibt der Geist für immer unversehrt und unverwundbar Das zeigt sich sowohl an der Leidenschaft für kreative Entwicklung und Gemeinschaften als auch an dem entstandenen Leid, wenn wir diese nicht verwirklichen können. Im Generativen Coaching entdecken wir Lebensfunken in Freud und Leid, und wir versuchen diese Glut anzufachen, damit kreative Feuer den Weg wärmen und erleuchten.

Es sollte deutlich geworden sein, dass es weder feste Formeln noch grundlegende Texte gibt, die uns leiten; aber das kreative Bewusstsein kann viele Wege beschreiten, die dem Herzen und der Seele folgen und zu kreativen Erfolg führen. Wir hoffen, dass dieser zweite Band dir ein tieferes Verständnis vermittelt hat, wie du dich selbst und andere dabei unterstützen kannst. Wir befinden uns auf halbem Weg dieser Buchreihe und freuen uns, dir bald die nächsten beiden Bände vorzustellen.

Alles Gute!

Steve und Robert

# Aufnahme von Klienteninformationen

**Anmerkung:** Dies ist als Beispiel gemeint. Deine Aufnahmeformulare sollten konform mit Gesetzen/ Richtlinien in deiner Region und/oder mit professionellen Lizenzen sein.

Name: _______________________________________________

Adresse: _____________________________________________
      Straße

_____________________________________________
      Stadt,              PLZ,           Bundesland

Telefon: _____________________________________________
      Festnetz            Mobil

E-Mail: ______________________________________________

Geb.Datum: _______________ Ort: ___________________

SozialversNr.:__________________ Lichtbildausweis:________________

Derzeitige Beschäftigung (seit wann):______________________
_____________________________________________

Letzte Beschäftigungen (von wann bis wann): _______________
_____________________________________________
_____________________________________________

Ausbildung:___________________________________
_____________________________________________

Religionszugehörigkeit (früher/jetzt): ___________________
_____________________________________________

Familienstand/frühere Beziehungen: _______________________________

_______________________________________________________________

_______________________________________________________________

## Eltern und Geschwister:

Listen Sie für jeden Name, Alter, Familienstand, Wohnort und Beruf auf:

_______________________________________________________________

_______________________________________________________________

_______________________________________________________________

_______________________________________________________________

## Kinder (falls vorhanden)

Bitte nennen Sie Namen und Alter:

_______________________________________________________________

_______________________________________________________________

_______________________________________________________________

## Ziel(e) der Sitzung:

_______________________________________________________________

_______________________________________________________________

_______________________________________________________________

## Bisherige Therapien/ Coachingerfahrungen:

_______________________________________________________________

_______________________________________________________________

_______________________________________________________________

Drogen-/Alkoholmissbrauch oder schwerwiegende Traumata bei Ihnen selbst
und/oder anderen Familienmitgliedern:

_______________________________________________________________

_______________________________________________________________

_______________________________________________________________

Weitere bemerkenswerte Schlüsselereignisse im Leben:

_______________________________________________

_______________________________________________

_______________________________________________

_______________________________________________

_______________________________________________

Bitte listen Sie Medikamente auf, die Sie zur Zeit einnehmen:

_______________________________________________

_______________________________________________

_______________________________________________

Hobbies/Interessen:

_______________________________________________

_______________________________________________

Kompetenzen/Stärken:

_______________________________________________

_______________________________________________

_______________________________________________

Wem kann ich für diese Empfehlung danken?

_______________________________________________

_______________________________________________

_______________________________________________

# Formular vor der GC Sitzung

Im Generativen Coaching haben wir sechs wichtige Bereiche für nachhaltige Kreativität: 1.) Positiven (COACH) State einnehmen; 2.) sich mit attraktiven Zielen verbinden; 3.) kreative Performance- oder Leistungszustände entwickeln und aufrechterhalten; 4.) Aktionspläne zeitlich festlegen; 5.) Hindernisse überwinden; und 6.) tägliche Übungen etablieren. Bitte schreiben Sie Ihre besten Antworten zu diesen sechs Bereichen auf, um sich selbst und mir bei der Arbeit zu helfen.

1. **Ihre Wege, sich gut mit sich selbst zu verbinden.** Bitte listen Sie mindestens zwei oder drei Situationen auf, in denen Sie sich ganz mit sich selbst verbunden fühlen (z. B. in der Natur spazieren gehen, Musik, Haustiere, Atmen/Meditation usw.)

2. **Attraktive Ziele/ Intention.** Was ich am liebsten in meinem Leben erschaffen/erleben/erreichen will, ist ___________. Nennen Sie mehrere konstruktive Antworten, welche Erfahrungen Sie machen wollen. Seien Sie so konkret wie möglich in Bezug auf: mit wem unter welchen Umständen (persönlich, beruflich, Selbst.) Finden Sie eine kurze (in max. 5-7 Worten) Formulierung plus Farben und Bildern plus einer somatischen Bewegung, die ihr Ziel/Intention repräsentieren.

3. **Kreativer Zustand.** Ihr Denken/Fühlen/Tun ist nur so gut wie ihr zugrundeliegender Zustand. Benennen Sie Ihre Ressourcen (Menschen, Plätze, historische/spirituelle Persönlichkeiten, Ahnen, Lehrer), die Ihnen einen positiven Zustand ermöglichen. Welche Möglichkeiten bringen Sie in einen positiven Leistungszustand?

4. **Pläne/Zeitpläne.** Welche Veränderungen müssen Sie vornehmen, um ihr Ziel erreichen zu können? Welche Maßnahmen müssen Sie ergreifen? Welche Verbindungen müssen Sie etablieren?

5. **Hindernisse.** Welche emotionalen Zustände hindern Sie an der Zielerreichung? Welche Beziehungen müssen Sie verändern oder heilen? Welche anderen inneren oder äußeren Bedingungen behindern Sie?

6. **Tägliche Übungen/Hausaufgaben:** Welche Praktiken üben Sie täglich zur Selbstregulierung aus? Wenn es welche gibt, listen Sie auf, wie viel Zeit Sie dafür aufwenden?   Welche Ideen haben Sie noch für tägliche Übungen?

# Feedback-Formular zur GC Sitzung

Jedes erfolgreiche Arbeitsresultat hängt von ehrlichem Feedback ab. Im Hinblick auf diese Sitzung bewerten Sie bitte Ihre Zustimmung auf einer Skala von 1 bis 10 folgendermaßen (1-3 = gar nicht oder nicht viel; 4-7 = etwas, aber nicht vollständig; und 8-10 = sehr oder komplett.) Ergänzen Sie gern durch weiteres Feedback.

| | |
|---|---|
| 1. Ich fühlte mich gehört, verstanden und respektiert. | |
| 2. Wir haben uns auf das konzentriert, was ich wirklich wollte/ brauchte. | |
| 3. Der Ansatz hat gut für mich gepasst. | |
| 4. Mir hat etwas in der Sitzung gefehlt. | |
| 5. Ich fühle mich zuversichtlicher, meine gesetzten Ziele erreichen zu können. | |
| 6. Ich fühle mich offener und kreativer bezüglich meiner negativen Zustände. | |
| 7. Meine generelle Bewertung dieser Sitzung: | |
| 8. Weiteres … Bitte geben Sie hier ergänzendes Feedback. | |

# Formular nach der GC Sitzung

Nachdem wir nun daran gearbeitet haben, lassen Sie uns Ihre Verbundenheit zu den sogenannten sechs Elementen des Generativen Wandels überprüfen. Bitte reflektieren Sie Ihre gegenwärtige Beziehung zu den sechs Elementen und schreiben Sie sie auf.

1. **Ihre Wege, sich gut mit sich selbst zu verbinden.** Beschreiben Sie Veränderungen: Leichtigkeit, Häufigkeit, Stabilität oder ihre Art in einen positiven Zustand zu kommen.

2. **Attraktive Ziele/ Intention.** Haben sich Ihre Ziele/ Intention verändert? Auf einer Skala von 1 – 10, wie gut haben Sie Ihre Ziele erreicht? Was gibt es noch zu tun?

3. **Kreativer Zustand.** Wie können Sie kreativ zur Entwicklung eines positiven Leistungszustand durch Fühlen/Denken/Tun beitragen? Wie gut können Sie, das nun umsetzen? Wie geht das am besten? Woran müssen Sie jetzt arbeiten?

4. **Pläne/Zeitpläne.** Wie klar konnten Sie Ihren Zeitplan entwickeln? Welche kleinen Schritten sind zu tun? Wie behalten Sie Ihre konkreten Ziele und täglichen Erfolge im Blick?

5. **Hindernisse.** Wie sehr hat sich Ihr negatives Erleben verändert, das Sie früher überwältigt hat? Welche sind die größten Herausforderungen in Bezug auf die Bewältigung. Transformation und kreative Auseinandersetzung mit den negativen Hindernissen?

6. **Tägliche Übungen/ Hausaufgaben.** Welche täglichen Praktiken haben Sie, wie oft üben Sie diese aus und wie beurteilen Sie Ihr durchschnittliches tägliches Wohlbefinden?

# Verschiedene Arten des Feedbacks

1. **Vor der Sitzung:**

   a) Geschäftsordnung

   b) Lebenslauf

   c) Konkrete Ziele: 6 GC „Performance-Elemente"

2. **Während der Sitzung:**

   a) nonverbale Resonanz

   b) verbale/nonverbale „Überschneidungsfragen"

   c) häufige „kleinteilige" Überprüfung (ist das so?)

3. **Am Ende der Sitzung:**

   a) Kurzes Feedbackformular

   b) Kurze Besprechung/ „Feed-forward" mit Hausaufgaben

   c) (optional) GC 6-Elemente-Feedback

4. **Nach der Sitzung:**

   a) GC 6-Elemente-Feedback

   b) zu Beginn der nächsten Sitzung: Reflexionen/Feedback/
   Zielsetzung für die nahe Zukunft

# Literaturhinweise


* Bateson, G. (1972). *Steps to an Ecology of Mind.* New York: Ballantine Books.
* *Dt:.* (1990) *Ökologie des Geistes*, Frankfurt am Main, Suhrkamp.

* Csíkszentmihályi, M. (1991). *Flow: The psychology of optimal experience,* New York: Harper Perennial.
* *Dt.:* (1992) *Flow: Das Geheimnis des Glücks,* Stuttgart: Klett-Cotta.

* Csíkszentmihályi, M. (1996). *Creativity: Flow and the Psychology of Discovery and Invention.* New York: Harper Perennial.
* *Dt.:* (1997) *Kreativität: Flow wie sie das Unmögliche schaffen und Ihre Grenzen überwinden,* Stuttgart: Klett-Cotta.

* Dilts, R. (2003). *From Coach to Awakener,* Santa Cruz: Dilts Strategy Group.
* *Dt.:* (2005) *Professionelles Coaching mit NLP,* Paderborn: Junfermann.

* Dilts, R. (2015-2017). *Success Factor Modeling, Volumes I-III,* Santa Cruz: Dilts Strategy Group.
* Dt.: (2016-2020) *Success Factor Modeling, Bd. I-III*, Erlangen: CastlemountMedia.

* Dilts, R. (1990). Changing Belief Systems With NLP, Santa Cruz: Dilts Strategy Group.
* Dt.: (1993) *Die Veränderung von Glaubenssystemen*, Paderborn: Junfermann.

* Dilts, R., & Gilligan, S.G. (2021). *Generative Coaching, Volume 1.* Santa Cruz, CA: The International Association for Generative Change.
* Dt.: (2021) *Generatives Coaching Band 1*, Erlangen, Castlemount Media.

* Duncan, B., Miller, S., Wampold, B., & Hubble, M. (eds.) (2009). *The Heart und Soul of Change: Delivering What Works.* Washington, D.C.: APA Press.

* Eliot, Thomas Stearns. (1943). *Four Quartets.* New York: Harcourt Brace.
* Dt.: (2015) *Vier Quartette*, Frankfurt am Main, Suhrkamp.

* Erickson, M. H. (1980). *The Collected Papers of Milton H. Erickson;* New York: Irvington Publishers Inc.

* Gebser, Jean. (1949). *The Ever-Present Origin: Part One: Foundations of the Aperspectival World.* (Translated by J. Keckeis). Stuttgart, Germany: Deutsche Verlags-Anstalt

* Gendlin, E. (1978). *Focusing,* New York: Bantam.
* Dt.: (2012) *Focusing. Selbsthilfe bei der Lösung persönlicher Probleme*, Berlin: Rowohlt

* Gilligan, S. (2012). *Generative Trance: The experience of creative flow,* Carmathen, Wales: Crown House Books.
* Dt.: (2014) *Generative Trance: Das Erleben kreativen Flows*, Paderborn: Junfermann.

* Gilligan, S. (1997). *The courage to love: Principles and Practices of Self Relations Psychotherapy,* New York: Norton Professional Books.
* Dt.: (1999) *Liebe dich selbst wie deinen Nächsten*, Heidelberg: Carl Auer.

* Gilligan, S. (1987). *Therapeutic Trances: The cooperation principle in Ericksonian hypnotherapy.* New York: Brunner/Mazel
* Dt.: (1988) *Therapeutische Trance: Das Prinzip der Kooperation in der Ericksonsche Hypnotherapie.* Heidelberg: Carl Auer.

* Gilligan, S., & Dilts, R. (2009), *The Hero's Journey: A voyage of self-discovery,* Carmathen, Wales: Crown House Books.
* Dt.: (2013) *Die Heldenreise – Auf dem Weg zur Selbstentdeckung*, Paderborn: Junfermann

* Goswami, A. (1993). *The Self-Aware Universe: How Consciousness Creates the World,* New York: Tarcher/Putnam
* Dt.: (2007) *Das bewusste Universum. Wie Bewusstsein die Materielle Welt erschafft.* Bielefeld: Lüchow.

* Haley, J. (1973). *Uncommon Therapy: The Psychiatric Techniques of Milton H. Erickson,* M.D., New York: W. W. Norton & Co.
* Dt.: (1978) *Die Psychotherapie Milton H. Ericksons.* München: Pfeiffer.

* Joye, Shelli. (2017). *Tuning the Mind: Geometries of Consciousness – Holonomic Brain Theory and The Implicate Order.* Viola, CA: Viola Institute.

* Joye, Shelli. (2017). *The Little Book of Consciousness: Pribram's Holonomic Brain Theory and Bohm's Implicate Order.* Viola, CA: Viola Institute.

* Joye, Shelli. (2019). *Sub-Quantum Consciousness: A Geometry of Consciousness Based Upon the Work of Karl Pribram, David Bohm, und Pierre Teilhard De Chardin.* Viola, CA: Viola Institute.

* Koestler, A. (1964). *The Act of Creation: A study of the conscious and unconscious in science and art,* New York: Macmillan
* Dt.: (1966) *Der göttliche Funke. Der schöpferische Akt in Kunst und Wissenschaft.* Bern: Scherz.

* László, Ervin. (2006). *Science und the Re-Enchantment of the Cosmos. The Rise of the integral Vision of Reality.* Rochester, VT: Inner Traditions

* Laszlo, Ervin. (2007). *Science and the Akashic Field: An Integral Theory of Everything.* Rochester, VT: Inner Traditions.
* Dt. (2010) *Der Akasha-Code: Wie das kosmische Bewusstseinsfeld uns beeinflusst,* ViaNova Verlag.

* Levine, P. (2010). *In an unspoken voice: How the body releases trauma and restores goodness,* Berkeley, CA: North Atlantic Books.
* Dt.: (2012) *Sprache ohne Worte: Wie unser Körper Trauma verarbeitet und uns in die innere Balance zurückführt,* München: Kösel.

* McGilchrist, I. (2009). *The Master and His Emissary. The Divided Brain und the Making of the Western World,* New Haven: Yale University Press.

* Miller, S.D., & Hubble, M.A. (2011). *The road to mastery.* The Psychotherapy Networker, 35(2), 22-31, 60.

* Miller, S.D., Hubble, M.A., & Duncan,B.L. (2007). *Supershrinks: Learning from the Fields Most Effective Practitioners.* Psychotherapy Networker, 31, 6, 36-45, 57.

* Miller, S.D., Hubble, M.A., Chow, D.L., & Seidel, J.A. (2013). *The outcome of psychotherapy: Yesterday, Today, and Tomorrow.* Psychotherapy, 50(1), 88-97.

* O'Donohue, John. (1997). *Anam Cara: A book of Celtic wisdom.* New York: HarperCollins.
* Dt. (2010) *Anam Cara: Das Buch der keltischen Weisheit,* München, dtv.

* Osbon, D. (1991). *Reflections on the Art of Living; A Joseph Campbell Companion.* New York: HarperCollins.

* Pribram, K. (1971). *Languages of the Brain: Experimental paradoxes and principles in neuropsychology.* Englewood Cliffs, NJ: Prentice Hall.

* Pribram, K. (2013). *The form within: My point of view.* Wetport, CT: Prospecta Press.

* Sapolsky, R. (1988). *Why Zebras Don't Get Ulcers: An Updated Guide To Stress, Stress Related Diseases, and Coping*, New York: W. H. Freeman.
* Dt. (1998) *Warum Zebras keine Migräne kriegen. Wie Stress den Menschen krank macht*, Piper

* Selye, H. (1956). *The Stress of Life*. New York: McGraw Hill.

* Wallas, G. (1926). *The art of thought*. New York: Harcourt, Brace, and Co.

* Wangyal, Tenzin. (2002). *Healing with Form, Energy, and Light: The Five Elements in Tibetan Shamanism, Tantra, and Dzogchen*. Itacha, NY: Snow Lion Publications.

* Watzlawick, P., Weakland, J., & Fisch, R. (1974). *Change: Principles of problem formation and problem resolution*. New York: Norton.

* Wilber, K. (2001). *A Brief History of Everything*. Boston: Shambhala.
* Dt.: (1998): Eine kurze Geschichte des Kosmos, Frankfurt am Main: Fischer.

* Yeshe, Thubten. (1987). *Introduction to Tantra: The transformation of desire*. Boston: Wisdom Publications.
* Dt.: (1998) *Wege zur Glückseligkeit*, Diamant Verlag.

# Über die Autoren

## Robert B. Dilts

Robert B. Dilts genießt seit Ende der 70er Jahre einen weltweiten Ruf als führender Coach, Persönlichkeitstrainer und Unternehmensberater. Er zählt zu den bedeutendsten Entwicklern des Neuro-Linguistischen-Programmierens (NLP) und führt weltweit Trainings, Coachings und Beratungen für Einzelpersonen und Organisationen durch. 2015 wurde er mit dem Life Achievement Award von managerseminare ausgezeichnet.

Zu seinen ehemaligen Kunden und Sponsoren zählen Apple Computer, Microsoft, Hewlett-Packard, IBM, Lucasfilms Ltd. und die italienische Staatsbahn. Er hat zahlreiche Vorträge über Coaching, Führung, Innovation, kollektive Intelligenz, Organisationslernen und Change Management gehalten, unter anderem für die International Coaching Federation (ICF), die HEC Paris, die Vereinten Nationen, die Weltgesundheitsorganisation, die Harvard University und die International University of Monaco. 1997 und 1998 leitete Robert die Entwicklung von Tools for Living, dem Verhaltensmanagementprogramm von Weight Watcher's International.

Robert hat einen Abschluss in Behavioral Technology von der University of California in Santa Cruz. Er gründete das Unternehmen Behavioral Engineering, das Software und Hardwarelösungen für Verhaltensänderungen entwickelte.

Als außerordentlicher Professor an der ISVOR Fiat School of Management (der ehemaligen Unternehmensuniversität des Fiat-Konzerns) war Robert über 15 Jahre an der Programmentwicklung zu Führung, Innovation, Werten und systemischem Denken beteiligt. Von 2001-2004 war er wissenschaftlicher Leiter und Vorstandsvorsitzender von ISVOR DILTS Leadership Systems, einem Joint Venture mit ISVOR Fiat, das eine breite Palette innovativer Programme zur Führungskräfteentwicklung globalen Unternehmen zur Verfügung stellte.

Später gründete er mit seinem verstorbenen Bruder John die Dilts Strategy Group. Aus dieser Zusammenarbeit gingen die Prinzipien und Techniken des Success Factor Modeling™ hervor, die Robert in zahlreichen Büchern und Artikeln beschreibt und zeigt, wie sie zur Optimierung von Führung, Kreativität, Kommunikation und Teamentwicklung beitragen. Neben der *Success Factor Modeling Trilogie* stellt er in seinem Buch *Von der Vision zur Aktion* auf Grundlage umfangreicher Studien über historische und unternehmerische Führungskräfte die notwendigen Werkzeuge und Fähigkeiten vor, um *„eine Welt zu schaffen, zu der die Menschen gehören wollen."* Das Buch *Alpha Leadership: Tools for Business Leaders Who Want More From Life* (mit Ann Deering und Julian Russell) vermittelt Best Practices effektiver Führung und bietet Ansätze zur Stressreduzierung und zur Förderung der Zufriedenheit. *From Coach to Awakener* bietet einen Wegweiser und eine Reihe von Werkzeugen für Coaches, um Klienten bei der Zielerreichung auf verschiedenen Ebenen des Lernens und der Veränderung zu unterstützen. *Die Heldenreise* (mit Stephen Gilligan) handelt davon, wie man sich wieder mit seiner tiefsten Berufung verbindet, einschränkende Glaubenssätze und Gewohnheiten transformiert und sein Selbstbild verbessert.

## Dr. Stephen Gilligan

Ein wegweisender amerikanischer Psychologe, spezialisiert auf kreativen Wandel. Seit über 40 Jahren schreibt, therapiert, coacht und lehrt Dr. Gilligan auf der ganzen Welt. Er gilt als einer der großen Hypnotherapeuten und hat seine Arbeit weit über den Ericksonschen Ansatz hinaus erweitert ...

Stephen gehörte zu den ersten NLP-Studenten an der UC Santa Cruz; Milton Erickson und Gregory Bateson waren seine Mentoren. Nach seiner Promotion in Psychologie an der Stanford University wurde er einer der führenden Lehrer und Praktiker der Ericksonschen Hypnotherapie. Daraus entwickelten sich seine ursprünglichen Ansätze der Selbstbeziehungen und des Generativen Selbst, und dann weiter (in Zusammenarbeit mit Robert Dilts) das Generative Coaching. Diese unterschiedlichen Traditionen wurden aktualisiert und in die heutige  Generative Veränderungsarbeit integriert, die die Anwendungen von Generativem Coaching, Generativer Psychotherapie, Generativer Trance, Heldenreise und Systemischer Veränderungsarbeit umfasst.

Stephen hat in den letzten 30 Jahren in vielen Kulturen und Ländern gelehrt und zahlreiche Publikationen veröffentlicht. Zu seinen Büchern gehören *Die Heldenreise: Auf dem Weg zur Selbstentdeckung* (zusammen mit Robert Dilts), der Klassiker *Therapeutische Trance, Liebe dich selbst wie deinen Nächsten, The Legacy of Erickson, Walking in Two Worlds* (mit D. Simon) und *Generative Trance: Das Erleben kreativen Flows*. Seine nächsten Bücher sind Band 3 und 4 der Serie *Generatives Coaching* (gemeinsam mit Robert Dilts).

## Antonio Meza

Als Architekt der Visionen unterstützt Antonio weltweit Entrepreneurs und Führungskräfte, komplexe Ideen auf einfache, unterhaltsame Weise durch Illustrationen oder Cartoons zu kommunizieren und er strukturiert Präsentationen, Bücher und Webseiten.

Antonio stammt aus Pachuca, Mexiko und ist NLP Master Practitioner und Trainer. Er hat von der Fundación Universidad de las Américas Puebla einen Abschluss in Kommunikationswissenschaften, einen Master in Filmwissenschaften von der Université de Paris 3 – Sorbonne Nouvelle, ein Diplom in Filmdrehbuchschreiben von der General Society of Writers in Mexico (SOGEM) und ein Diplom in Dokumentarfilm von der französischen École Nationale des Métiers de l'Image et du Son (La Fémis). Außerdem ist er in allen drei SFM Ausbildungen und im Generativen Coaching zertifiziert.

In Mexiko arbeitete er als freiberuflicher Filmemacher und beteiligte sich an Startups für Zeichentrickfilme, bevor er nach Frankreich zog, wo er als Berater, Coach und Trainer arbeitet und sich auf Storytelling, kreatives Denken und kollektive Intelligenz spezialisiert hat.

Antonio ist ein erfahrener Redner und Mitglied der Toastmasters International. Im Jahr 2015 wurde er beim internationalen Redewettbewerb des Distrikts 59, der Südwesteuropa abdeckt, als bester Redner ausgezeichnet und erreichte das Halbfinale auf internationaler Ebene.

Er hat 15 Bücher illustriert, darunter die drei Bände der Success Factor Modeling Reihe von Robert Dilts und nun die Generative Coaching-Reihe von Robert Dilts und Stephen Gilligan.

Seine Fähigkeiten als Cartoonist und Trainer nutzt er in Seminaren, Konferenzen und Brainstorming-Sitzungen als Graphic Facilitator und zur Produktion von animierten Videos, um komplexe Informationen auf klare, unterhaltsame Weise zu erklären.

Antonio lebt in Paris mit seiner Frau Susanne, seiner Tochter Luz Carmen und seinen Katzen *Ronja* und *Atreju*.

Für weitere Informationen besuchen Sie:

www.antoons.net

www.linkedin.com/in/antoniomeza/

Kontakt zu Antonio: hola@antoons.net

## Dr. Gudrun Reinschmidt
### Übersetzerin aus Leidenschaft

Die Gründerin des *Deutschen Instituts für Success Factor Modeling* ist zertifizierte Expertin für Generative Change. Gudrun ist für alle SFM Angebote autorisiert. Sie führt die Original SFM-Ausbildung „*Next Generation Entrepreneurs*" in deutscher Sprache mit internationalem Zertifikat durch. Vor der GC Serie hat sie die SFM Buchtrilogie von Robert Dilts übersetzt.

### *Schwerpunkt: Collaboration als Game-Changer*

Gudrun moderiert Mastermind-Gruppen und entwickelt High Performance Teams. Sie unterstützt Unternehmer:innen, Führungskräfte und Teams aus technischen, medizinischen und beratenden Berufen bei der Entscheidungsfindung und nachhaltigen Organisationsentwicklung in ungewissen Zeiten.

Ihre Beratungstätigkeit baut auf vielfältige Erfahrungen in Start-ups und bei Marktführern der Medizintechnik. Als *Pionierin* war sie in internationalen Teams *weltweit* aktiv u. a. als Marketing- und Projektmanagerin, Produktspezialistin und Vertriebscoach. Im Notfallwesen hat Gudrun Kommunikationsschulungen zur Verbesserung der Patientensicherheit durchgeführt. Sie arbeitet mit Organisationen an ihrer Fehlerkultur und Kollaborationsfähigkeit.

Ihre *Vision* ist eine Welt, in der Menschen mit Freude zur Arbeit gehen, weil sie einen Sinn darin erkennen. Ihre *Mission* ist Facilitation und Coaching zur Persönlichkeitsentwicklung und Verständigung in interdisziplinären Teams.

*Von der Chemie der Moleküle zur Chemie zwischen den Menschen* – Nach dem Chemiestudium in Wuppertal hat Gudrun in Bioorganischer Chemie an der Tierärztlichen Hochschule in Hannover promoviert. Seit dieser Zeit vermittelt sie komplexe Inhalte auf anschauliche und unterhaltsame Weise.

Aus Leidenschaft für lebenslanges Lernen und Neurodidaktik unterstützt sie Blended Learning Projekte in Organisationen und engagiert sich ehrenamtlich für die Qualität der Lehre bei Coach- und Trainerausbildungen.

Seit 2006 ist Gudrun Startup-Beraterin, Lehrtrainerin und Lehrcoach mit regelmäßig stattfindenden Ausbildungsgruppen. Gudrun wurde als *Generative Coach* (IAGC), als *Success-Mindset-Maps-Coach* (Mindset-Maps International) und als *Generative Consultant* (Dilts Strategy Group) zertifiziert. Sie hat einen Master in Integral-systemischer Business-Aufstellungspraxis (IOSA - Lutterbeck).

Ihr neuestes Online-Projekt sind *Generative Mastermind-Gruppen* zur Crossover-Vernetzung von Führungskräften, Coaches, Berater:innen und Trainer:innen.

www.successfactormodeling.de
https://www.linkedin.com/in/dr-gudrun-reinschmidt/

Kontakt: mail@successfactormodeling.de